Ludwig Bamberger

Zur Naturgeschichte des französischen Krieges

Ludwig Bamberger

Zur Naturgeschichte des französischen Krieges

ISBN/EAN: 9783743464629

Hergestellt in Europa, USA, Kanada, Australien, Japan

Cover: Foto ©ninafisch / pixelio.de

Weitere Bücher finden Sie auf **www.hansebooks.com**

Zur Naturgeschichte

des

französischen Krieges

von

Ludwig Bamberger.

Leipzig
Ernst Günther's Verlag
1871.

Vorrede.

Die folgenden Aufsätze wurden unter dem Titel „Material zur Völkerpsychologie" in der „Augsburger Allgemeinen Zeitung" veröffentlicht, während der Krieg gegen Frankreich noch im Gange war. Die beiden ersten Nummern erschienen Anfangs November 1870, die späteren nach längerer Pause Ende Januar 1871. Niedergeschrieben wurde der größte Theil der Arbeit zwischen November und December, vollendet drei Wochen bevor Paris in die Hände des deutschen Heerführers capitulirte. Die gesammte Schlußkatastrophe, die Herrschaft der Commune, liegt also ganz außerhalb des Gesichtskreises der Beobachtung und Betrachtung. Vielfacher Wechsel des Aufenthaltes und der Beschäftigung gestatteten mir leider nicht, allen zu dem Zwecke zusammengetragenen Stoff mit beabsichtigter Vollständigkeit wiederzugeben, doch ist er überall zur Ziehung der Resultate mitverwerthet. Ihn bei dieser zweiten Veröffentlichung des weiteren auszunützen, würde über den gegenwärtigen Vorsatz einer einfachen Zusammenstellung der nacheinander erschienenen Theile allzuweit hinausführen. Was von Wahrnehmungen Dritter eingeflossen, beruht auf frisch nach den Erlebnissen gemachten Aussagen zuverlässiger Personen, die aus eigener Wahrnehmung Zeugniß gaben, und deren Mittheilungen ich sofort zu Papier brachte.

Um mit dem richtigen Blick das Charakteristische in den Manifestationen des öffentlichen Geistes zu gewahren (denn darum handelte es sich hier), mußte man die Franzosen ganz genau aus eigenem Erlebniß kennen und durfte dennoch nicht Franzose sein. Wie ohne diese zweifache Vorbedingung die Aufgabe nicht gelöst werden konnte, so lag in deren Vorhandensein die Aufforderung zum Versuch. Freilich könnte eingewendet werden, daß auch ein Deutscher seinerseits wieder zu sehr Partei sei. Aber einmal paßt das überhaupt nicht auf unsere so sehr zur Selbstkritik hinneigende Denkweise; und zum andern lebt nothwendig in der Empfindung eines Jeden, der lange und gerne in jenem Lande geweilt, das Andenken an die jetzt total abgewandte Lichtseite des französischen Wesens nachhaltig fort, so daß ihm vorgefaßte Ungunst zur moralischen Unmöglichkeit wird. Manches Urtheil übrigens, das vor zwei Monaten Einem oder dem Andern noch scharf erschien, erregt heute gewiß keinen Anstoß mehr. Vor der Kritik, welche die Geschichte der Commune zu der Geschichte des öffentlichen Geistes in Frankreich geliefert hat, erblaßt jeder geschriebene Kommentar. Denn er war es, der Geist dieser Commune war es (wenn es erlaubt ist, hier von Geist zu reden), der seit Ausbruch des Krieges, namentlich aber seit dem Sturz des Kaisers, die Mitherrschaft über Paris und dadurch über das Land führte. Er drückte auf die Regierungen und auf die Regierten. So lange man im Kampfe mit den Deutschen lag, fanden Unterdrücker und Unterdrückte ihre Rechnung darin, die Spitze aller uneingestehbaren dunklen Triebe gegen den Ausländer zu kehren. Was von Declamation, Prahlerei, Rachegefühl, Bosheit und Eigennutz da war, richtete sich zunächst gegen die Deutschen. Jene Verachtung von Menschenwohl, mit der ein hoffnungsloser Widerstand noch Monde lang fortgesetzt wurde, hat sich in dem fünften Akt dieser grausamen Tragödie nicht bloß als Gleichgültigkeit, sondern als Feindschaft gegen die gesammte bürgerliche Existenzweise enthüllt. Bis zur Kapitulation mit dem deutschen Hauptquartier ging das Alles als „admirabler Patriotismus" mit. Aber schon als Thiers Ende November in Versailles unterhandelte, sprach er un-

verhüllt von den „Coquins", während drinnen in Favre's Lob=
gesängen derselbe Urstoff als das sublime Volk figurirte, welches
der Welt die bekannte unablässige Bewunderung abzwang. Re=
gierung und Bürgerschaft vergoldeten sich mit diesem Wortgepränge die
Ketten der schmählichen Sclaverei, die sie als gerechte Strafe für die
phrasenhafte Vergötterung aller niedrigen Volksleidenschaften trugen
und hofften sich und das Ausland über ihre Erniedrigung zu täuschen.
Man sollte es nicht glauben, und doch ist es wahr, daß bis kurz vor
dem Sturz der Commune viele Pariser, die ihrer Bildung und
ihren Interessen nach weit von dem tollen Wesen abstanden, doch
von jener Horde kannibalischer Possenreißer als von den Ver=
tretern eines politischen Gedankens sprachen und zu verstehen ga=
ben, ohne die Dazwischenkunft gewisser principieller Meinungs=
verschiedenheiten wäre die Commune nicht zum Bruch mit der
Nationalversammlung gekommen! So war jede Urtheilsfähigkeit
schließlich abhanden gekommen und bloß das Bedürfniß der Selbst=
täuschung ins Unendliche geblieben. Auch hatte der ewige und
krasse Wechsel des Regiments jede Vorstellung von dem, was Sinn
und Dauer in sich trägt, der Art verwirrt, daß man mit jeglicher
Herrschaft als einer möglicher Weise bleibenden seinen Frieden zu
machen und zu halten Lust fühlte. Hoch und Niedrig haben viele
kluge Worte verschwendet, um in die Commune einen tieferen Sinn
hineinzulegen. Wer die treibenden Menschen und die Vorgänge mit
einiger Sachkenntniß anschaute, konnte auch nicht einen Augenblick
über die Inhaltslosigkeit des ganzen Beginnens im Zweifel sein.
Das Anknüpfen an die 1793er Commune war nur eine äußerliche
Wendung, um in Paris eine socialistische Gewaltherrschaft zu recht=
fertigen, welche niemals auf den Willen des Landes hätte gegründet
werden können. Und nicht einmal eine sociale Theorie war in diesen
leeren Köpfen, die eigentlich nur Paris so zu sagen in ihre Tasche

stecken wollten, für den Fall des Gelingens auch noch einige andere Städte. Diese Absicht war sogar neben den Brandstiftungen des Schlusses die einzige originelle Seite in allen seit dem 4. September unternommenen Experimenten. Im Uebrigen nichts als ewige Plagiate ohne die geringste Schöpferkraft. Wie das zweite Kaiserthum das erste nachäffte, so copirten die verschiedenen Parteischattirungen nach einander ihre alten Vorbilder; Diese die Gironde, Jene die Jakobiner, Andere die Commune von 1793, und dann travestirten sie sich in ihrer kurzen Aufeinanderfolge wieder wechselseitig. Jules Favre ließ Napoleons Papiere veröffentlichen und Assi die Papiere Favre's. Alles Entrüstungsgeschrei, das Gambetta gegen Verrath, gegen die Verletzung der Genfer Convention, gegen die Tödtung von Weibern und Kindern losgelassen hatte, ließen Assi und Consorten wieder gegen Favre und Thiers los, und die famose „guerre à outrance", welche Gambetta gegen Deutschland gepredigt, wurde schließlich das Feldgeschrei der Commune gegen Versailles. Clüseret und Rossel wurden cassirt wie Trochu und Aurelles, Thiers und Favre als Reproduction des „Tartuffe Guillaume" und „Monstre Bismarck" dem Hasse der Mit- und Nachwelt überliefert. Das Petroleum, welches die Republik dem Schwarzwald bestimmt hatte, wurde von der Commune aufs Stadthaus applicirt. Es steht noch dahin, ob in Frankreich selbst aus der Art, wie seit Jahresfrist obenauf gewesene Schichten stets von ihren jeweiligen Nachfolgern karrikirt wurden, das politische Urtheil einige Selbsterkenntniß schöpfen werde; der historischen Kritik aber ist jedenfalls durch die Periode der Commune ein Beitrag geliefert worden, welcher für die Durchdringung und Würdigung des Verhaltens des französischen Volkes von der ersten Stunde des Krieges an die schätzbarsten Fingerzeige gibt.

Berlin, 11. Juni 1871.   L. B.

Zu einer zeitgemäßen Preisfrage würde sich folgende Aufgabe eignen: erstens naturgeschichtliche Erklärung der mit dem Krieg im französischen Volksgeblüt zum Ausbruch gekommenen Krankheit; zweitens Specialgeschichte der Mißhandlung und Ausbreitung der in Frankreich angesessenen Deutschen; drittens Begründung der bei Gelegenheit dieses Kriegs in verstärktem Maße zu Tage gekommenen Wahrheit, daß beinahe alle dritten europäischen Nationen den Franzosen günstig, den Deutschen mißgünstig gesinnt sich zeigen.

An die Lösung der ersten Frage schlösse sich die in Nummer zwei folgerichtig an, als einer der eigenthümlichsten Wirkungen gewidmet, an welchen sich die Natur des zur Untersuchung kommenden Uebels beobachten und erkennen ließe. Und die dritte Frage paßte schon darum zum Schluß, weil sie uns zwänge darüber nachzudenken, um welcher Vorzüge und um welcher Fehler willen das eine Volk so viel Liebe, das andere so viel Abneigung im Laufe der Zeiten sich zugezogen; ob etwa jene mehr um ihrer Laster als um ihrer Tugenden willen gern gelitten, und ob wir aus ähnlicher Ursache vielleicht im umgekehrten Verhältniß zu unsern guten Eigenschaften schlecht angeschrieben seien. Ein Theil der Erklärung möchte sich wohl in dieser Hypothese finden, doch dürfen wir es uns gerade mit dieser nicht zu leicht machen. Vielmehr können wir nur dann erwarten, auf die rechte Fährte zu kommen, wenn wir auch ermitteln, welchen alten Vorzügen Frankreich seinen nicht zu entwurzelnden Credit, und welchen alten Mängeln wir unsern weitverbreiteten Mißcredit verdanken. Auf diese Weise würde die Betrachtung auf die beste Art, d. h. mit der Einkehr in uns selbst, ihren Abschluß finden.

So viel steht fest: Niemand kann sich rühmen, vor dem 6. Juli 1870 die Franzosen gekannt zu haben. Was in den Schriften ihrer grimmigsten Hasser und Verächter zu lesen steht, erscheint unzureichend und lückenhaft, verglichen mit den Urtheilen, welche heute der mildeste unparteiische Beobachter über diese Nation auszusprechen sich gezwungen sieht. Ist dies einerseits vernichtend für die, welche ihr ehedem gern viel Schönes nachrühmten, so gereicht ihnen andererseits zum Trost, daß selbst die Andersmeinenden noch ein Stück weit mit ihnen zusammen irrten. Beiden käme es insofern zu statten, wenn man der Annahme Raum lassen könnte, daß gewaltige Erschütterungen plötzlich ungeheuere Verheerungen in der französischen Natur angerichtet hätten, die zu den ältern Krankheitsanlagen derselben in gar keinem Verhältniß stünden. Doch widerstreitet eine solche Annahme von vornherein der richtigen Methode. In Frankreich allerdings, wo der ganze Sinn der Nation auf das Machen gerichtet ist im Gegensatz zum Werden, gewahren sie auch im Größten wie im Kleinsten stets das Gemachte, nie das Gewordene. Die Tiefsten noch sind diejenigen, welche jetzt den Verfall dem zwanzigjährigen Kaiserthum zuschreiben; die Masse, nicht blos die unterste, läßt sich nur zu Ursachen der bloßen und jüngsten Zufälligkeit herab, wie schlechte Verproviantirung oder schlechte Führung des Heeres, Ueberzahl des Feindes, oder das stets zur Hand liegende ultimum refugium: Verrath! Unserer deutschen Anschauungsweise widerstreben solche Erklärungsweisen. Wir haben das Bedürfniß, mehr in die Tiefe und in die Breite zu schauen, zumal gegenüber einer Erscheinung, welche so gewaltige Dimensionen ausfüllt, welche mit so staunenerregender Gleichförmigkeit von den Individuen aller Gegenden und aller Schichten in diesem großen Lande sich geltend macht. Typische Einförmigkeit der Bildungs- und Denkweise war man gewöhnt an den Franzosen zu beobachten, allein daß der Gelehrte und Künstler von denselben grotesken Wahngebilden werde ergriffen werden wie das Höckerweib, und zwar von St. Quentin und Colmar bis Marseilles und Nantes,*) das gereicht uns täglich zu neuer Ueberraschung. Und das gibt auch den entscheidenden Ausschlag für die Lösung der Frage nach der Tiefe, in welcher das Uebel entspringt. Solche mächtige Lager sind nicht das Ergebniß vorübergehender Anschwemmung. Sie wachsen langsam aus dem Schooß der Erde.

Eines ist noch, was uns besonders in dieser Hypothese befestigt. Beim Anblick der Herrschaft so thörichten und grausamen Wahns, kommt uns auf einmal der Gedanke an die Familienähnlichkeit zwischen der Physiognomie dieser Vorgänge und anderer, die wir aus der französischen Geschichte kennen, die wir nur unvollständig kannten, bis die eigenen Erlebnisse uns den richtigen Blick für die historischen Gründe gaben. Muß es nicht derselbe diabolische Aberglaube an Verrath und Bosheit, dieselbe himmelstürmende Windbeutelei gewesen sein, welche zu den Katastrophen von 1793 und 1794 führten? Und erkennen wir nicht auch in diesen Zügen die Abkömmlinge des Volkes, mit welchen sich die Widerrufung des Edicts von Nantes, die Bartholomäusnacht, die Monsterhexenprocesse und der Albingenserkrieg im Schwunge durch-

---

*) Selbst im äußersten Osten, in Japan, China und Cochinchina, traten an jedem französischen Individuum genau dieselben Krankheitssymptome ein wie in Paris. Ich werde in der Folge ein merkwürdiges Beispiel davon geben.

führen ließen? Und werden wir, belehrt von unserer eigenen Erfahrung, nicht daran denken müssen, die ganze Geschichte dieser Nation, sofern sie auf deren eigener Darstellung beruht, einer Sichtung zu unterwerfen? Warum sollte in den Beschreibungen früherer Kriege beispielsweise weniger gelogen worden sein als diesmal, von unvordenklichen Zeiten an bis auf Magenta und Solferino? Und wenn wir sehen, wie unendlich überlegen das wohlgeführte und kaum geeinigte Deutschland sich zeigt, müssen wir nicht rückwärts schließen, daß Frankreichs Stärke lange, lange auf der Schwäche der Andern vorzüglich beruht hat? Dieß nicht einzusehen, ist ja einer der Haupttirrthümer, welcher die Verblendung jenseits so unheilbar erhält. Sie denken immer an die Siege, welche die erste Revolution über das deutsche Reich erfochten, und wollen zu Ehren ihrer Lieblingsheldensage nimmer glauben, daß unsere damals erbärmliche Verfassung einer der wesentlichsten Factoren (wenn auch nicht der ausschließliche) ihrer Triumphe gewesen.

Aber derselbe Grund, der uns zwingt die Wurzel der neuesten Erscheinungen nicht an der Oberfläche zu suchen, verbietet auch die früher erworbenen Anschauungen sammt und sonders mit einem Mal über den Haufen zu werfen. So wie es jetzt sich zeigt, kann dieses Volk, so lange der Liebling und Herrscher der Nationen, nicht die längste Zeit innerlich beschaffen gewesen sein. Ebenso wenig wie an urplötzlichen Umschlag durch rein zufällige Anlässe, ebenso wenig mag von uns geglaubt werden, daß Jahrhunderte lang das Urtheil und die Empfindung der gesitteten Welt sich im Wesen einer Nation gröblich getäuscht habe. Die Macht und der intellectuelle Einfluß Frankreichs müssen in nationalen Vorzügen begründet gewesen sein. Und wäre auch ihre ganze Staatsgeschichte umzuschreiben — die Monumente ihrer Literatur, die Leistungen ihrer

Gelehrten und ihrer Gesellschaft bleiben doch als unwiderspechliche Zeugen stehen, als Zeugen, die hie und da noch zu den Lebenden gehören.

So betrachtet, stellt sich uns das Verhältniß von selbst in der richtigen Sehlinie dar. Wir befinden uns einem Lande gegenüber, welches mit bedeutenden, ja stellenweise mit glänzenden Gaben ausgestattet, auch die Keime zu großen Untugenden von jeher in sich trug, und dessen nationale Lebensweise im Laufe der Jahrhunderte Nährung und Ueberwucherung der bösen Keime im Gefolge hatte. Seit wann und wodurch? Das zu ergründen wäre eben die Sache dessen, welcher den ersten Theil der Preisfrage übernähme. Das Eigenthümliche der Aufgabe, wie sie hier gedacht wird, läge eben darin: Aus den Symptomen der heute in Frankreich wüthenden geistigen Krankheit, man könnte geradezu sagen Geisteskrankheit, auf inductivem Wege den culturhistorischen Nachweis zu schöpfen; mit Hülfe des eben Erlebten ein scharfes Licht in die rückwärts liegenden Windungen des Entwickelungsganges zu werfen. Einer solchen allerdings schwierigen Arbeit möchte ich einiges Material liefern, dadurch, daß ich Vorkommnisse dieser Tage in möglichst vielen und natürlich auch in möglichst bezeichnenden Einzelheiten sammle, um mittelst derselben wenigstens einen Beitrag zu den Elementen eines umfassenden Krankheitsbildes zu liefern.

I.

Das Hervorstechende ist die Lüge. Sie ist so allverbreitet, der Zeit wie dem Raume nach, daß man versucht ist, alle anderen Erscheinungen nur als Nebensymptome, als abgeleitete Formen dieses einen Grundübels anzusehen. Wie bei allen großen historischen Unwahrheiten dürfen wir auch hier nicht anstehen, uns für diejenige Species von Verirrung zu erklären, welche unter Selbstbelügung verstanden wird. Die Gattung ist dieselbe, nur die Art verschieden, und auch da spielen so viele Kreuzungen in einander, daß es kaum der Mühe lohnen dürfte, sich um etwaigen Einspruchs willen aufzuhalten. Denen, welche der Thesis der absichtlichen, bewußten Lüge ihre Rechtsansprüche wahren wollen, sei dieser ihr Vorbehalt eingeräumt. Auf Schuld oder Unschuld kommt es uns ja nicht an. Es handelt sich um Krankheit, und nicht um Sünde. Hiebei denken wir jedoch nur an die Masse und ihre dunklen Triebe. Daß die Regierungen und ihre Werkzeuge das Lügen mit vollem Bewußtsein handwerksmäßig betreiben, beweist der Augenschein. Vor allem stößt uns eine Betrachtung auf. Es erklärt sich jetzt, wie die Regierungen, welche am meisten Gehorsam fanden, systematisch das Lügen als ein Regierungsmittel handhaben konnten. So etwas ist nur möglich, wenn ihm eine entsprechende Anlage im Volkscharakter entgegenkommt. Nur wer sich so gern selbst belügt, ist auch gemacht, systematisch und mit Erfolg belogen zu werden. Beide Kaiser waren ja keine Franzosen, weder von Geblüt noch von Naturell. Darum konnten sie die Fehler der Nation viel künstlicher ausnützen, als einer aus deren Mitte. Die republikanischen Siegesbulletins von der Zeit nach Sedan sind nur Plagiate des imperialistischen Styls. Der Grundsatz der Regierungskunst, aus Täuschung Kraft saugen zu wollen, ist derselbe geblieben, ja in noch viel stärkerem Maße zur Anwendung gekommen.

Gleich in der ersten Minute der Geburt kam dieser Krieg als Lüge zur Welt. Einer so aberwitzigen Erfindung entsprang er, daß diese vermöge ihrer Abgeschmacktheit sofort in Vergessenheit gerieth. Wer denkt heute noch an Hohenzollerns Anspruch auf die spanische Krone? Das Gedächtniß weigert sich, solch schlechten Reim festzuhalten. Man muß sich besinnen, um wieder damit anzufangen. Noch schwebt Dunkel über dem Ursprung der Fabel: Ob sie eine von vornherein mit Hülfe sämmtlicher Hauptmitspieler angelegte Komödie war, oder ob sie nur von den ungeduldig Wartenden mit Hast im Vorüberfliegen ergriffen wurde? Ueber diesen Theil der Verantwortlichkeit und der Intrigue, welcher historisch und psychologisch nichts weniger als gleichgültig ist, dürfen wir hoffen, in nicht ferner Zeit einmal etwas genaueres zu erfahren. Conjecturen hätten hier ein reiches Feld. Wenn wir aber auch ganz von der Möglichkeit abstrahiren, daß der willkommene Kriegsvorwand absichtlich herbeigeführt worden, so können wir nicht die gleich enthaltsame Stellung einnehmen gegenüber dem überrascht thuenden Aufbrausen, mit welchem das Cabinet Gramont die bewußte angebliche Enthüllung aufnahm. Bei der Unzahl von Mittelsmännern untergeordneter Art, welche in Sachen der Leopold'schen Candidatur zwischen Spanien und Deutschland über Frankreich reisten, bei den vielfältigen Verbindungen zwischen Madrid und Paris ist es von vornherein im höchsten Grade unwahrscheinlich, daß der kaiserliche Hof, dazu noch bei seinem intimen Verkehr mit dem der flüchtigen Königin, von dem ganzen Verlauf wochenlang keine Witterung sollte bekommen haben. Gerade derlei Klatsch aufzuspüren und zu sammeln, ist ja die Stärke der diplomatischen Vertreter Frankreichs gewesen. Auch mußte Mercier de Lostende, wenn er sich so sträflicher Unwissenheit schuldig gemacht hatte, sofort nach der Entdeckung ab berufen werden. Statt dessen ließ man ihn ruhig auf seinem Posten, ohne Zweifel um so mehr, als die augenblicklichen Erfordernisse des kleinen Intriguenstückes ihm die Pflicht auferlegten, die Rolle des Gefoppten zu spielen, und sich darob eine Weile selbst von den officiösen französischen Blättern hänseln zu lassen. Solche Dulderleistung mußte schließlich doch wenigstens mit Erhaltung in Am und Würde belohnt werden. Eine Version, die aus Madrid stammt, behauptet sogar, Mercier habe sich früher gerühmt, die hohenzollern'sche Candidatur aufgethan zu haben, um die orleanistische aus dem Felde zu drängen. Bezeichnend bleibt jedenfalls neben der unverminderten Gunst Merciers das kaum berührte, ja rasch erhöhte herzliche Einvernehmen zwischen Paris und Madrid. Ferner steht fest: Prim hatte ausdrücklich lange vorher einen Candidaten in petto als solchen öffentlich proclamirt, und wer wollte glauben, daß weder der Botschafter, noch sein Kaiser, noch die mit diesem vertraute und mit nichts anderem beschäftigte Isabella, noch der italienische Hof, welcher am meisten in dieser Thronspeculation machte, sie nie ganz aufgab, der auch durch seinen Gesandten wiederum mit den Tuilerien eng zusammenhing — wer wollte glauben, daß alle diese Kreise, seit beinahe Monatsfrist officiell benachrichtigt vom Anzug eines weiteren Candidaten, nicht dessen Namen zu wissen begehrt, nicht ihn ermittelt haben sollten? Mehr als das! Ein französischer Journalist, John Lemoinne, ohne besondere Verbindung und Stellung zu diplomatischen Kreisen, hatte unumwunden den Namen Hohenzollern als die Lösung des Prim'schen Geheimnisses ausgesprochen, und zwar in einem Artikel auf der ersten Seite des „Journal des Débats" vom 17. Juni (Nr. 189), also drei Wochen vor der angeblichen urplötzlichen Entdeckung des Geheimnisses durch das Cabinet Gramont. Das „Journal des Débats" ist kein Winkelblatt, dessen Mittheilungen unbemerkt vorübergehen, es hatte sogar von jeher die Specialität der spanischen Politik. Was Lemoinne wußte, konnte schon vorher für alle dynastischen und diplomatischen Interessen unmöglich ein Geheimniß sein, konnte noch viel weniger nachher eines für sie bleiben. Bedürfte diese Annahme noch eines ergänzenden Belegs, so verdiente als solcher eine nachträgliche Aussage beigebracht zu werden, welche in der

Münchener „Süddeutschen Presse" vom 6. August (Nr. 182) veröffentlicht wurde, und deren von der Redaction auf vertraulichem Wege genannter Autor sich durchaus als ein verläßlicher und unparteiischer Zeuge qualificirt. In einem Brief aus Madrid vom 25. Juli erzählt dieser Berichterstatter zuerst genau den Hergang der Sache am 11. Juni, in der Sitzung, in welcher Prim den Candidaten in petto verkündete. Offen eingestanden waren die verschiedenen Parteihoffnungen auf den Herzog von Genua, auf Montpensier, auf den König von Portugal. „Nachdem," sagt Prim, „alle diese Versuche fehlgeschlagen, wurde ich noch ein Mal beauftragt, einen König zu suchen, und ich fand einen vierten Candidaten. Die Herren Deputirten mögen mir erlauben, seinen Namen nicht zu nennen, weil es indiscret wäre; es könnte Verwicklungen erzeugen, und außerdem habe ich mein Wort gegeben, ihn noch nicht zu nennen. Leider fanden sich zwei Mal die Beauftragten dieses Fürsten, die Spanien besuchten, durch ungünstige Umstände beunruhigt, und in Folge dessen ist seine Candidatur für den Augenblick zurückgezogen. (Und das alles hätte der französischen Diplomatie nicht auf die Spur geholfen, während sie von dem vorausgegangenen Wechsel des Entschlusses bei Hohenzollern unterrichtet war!) Aber — setzte der Ministerpräsident hinzu — ich werde die Unterhandlungen fortsetzen, und hege die Zuversicht, daß ich den Cortes in kurzem einen Candidaten vorschlagen kann, der in seiner Person alle geforderten Eigenschaften vereinigt."

„Allerdings" — fährt der Gewährsmann des Münchener Blattes fort — „nannte General Prim keinen Namen, doch was er bei dieser Gelegenheit sagte, darüber war das Gerücht bereits laut genug, daß jeder, welchen die Angelegenheit interessirte, wußte, daß es sich um den Prinzen von Hohenzollern handelte, und in der That nannten die Zeitungen den Namen einen oder zwei Tage später. Während der Rede Prim's war die Diplomatenloge in den Cortes angefüllt mit aufmerksamen Lauschern, und als von dem vierten Candidaten die Rede war, neigte sich einer der Anwesenden in dieser Loge zu seinem Nachbar und fragte: Wen meint er? Die Antwort war: Wen sonst, als den Prinzen von Hohenzollern! Wer meinen Sie — schließt der Correspondent — waren diese Personen? Niemand anders, als der britische Gesandte, welcher die Frage stellte, und Baron Mercier, der französische Gesandte, welcher so rasch Antwort gab!" Derselben Mittheilung entnehmen wir auch die an sich äußerst wahrscheinlich klingende Angabe, daß Prim mit diesem Vorhaben vor Napoleon gar kein Geheimniß gemacht, vielmehr es bereitwillig auf dessen erste mißfällige Aeußerung aufgegeben hätte.

Seitdem alle diese Umstände ans Licht getreten, seitdem sich in diesem Kriege noch ungleich mehr als zuvor herausgestellt, daß im heutigen Frankreich das Aufschneiden als das eigentliche Arcanum der Regierungskunst gilt, kann daher als ausgemacht angenommen werden, daß die erste Scene des Vorspiels zu den Feindseligkeiten, charakterischer Weise für alles Folgende, in einer groben Erfindung bestand. Das französische Cabinet wußte seit Monatsfrist um die Candidatur Leopold's, wußte mithin auch, daß sie nicht von ehrgeizigen Plänen des preußischen Königs, sondern von verschiedenen spanischen Projectenmachern ausgegangen war. Aber andere, zum Theil geahnte, zum Theil vielleicht heute noch ungeahnte Gründe hatten endlich den schon so lange hin und her gewälzten Beschluß, Krieg anzufangen, zur Reife gebracht, und so mußte der plumpe Lügenvorwand herhalten. Am 5. Juli des Morgens brachte der „Constitutionel," Gramont's Leiborgan, aus heiterm Himmel eine wuthschnaubende Notiz über die se nagelneue bedrohliche Vorfallenheit. Sie enthielt bereits dieselbe gelehrt sein sollende Parallele, welche Tags darauf Gramont im gesetzgebenden Körper aufstichte, daß das Haus Hohenzollern danach strebe, den Thron Karls V. herzustellen — eine aberwitzige Phrase, aber tönend und daher wohl berechnet auf den unwissenden, nachschreienden Haufen der Börsen-, Kaffeehaus- und Boulevards-Besucher. Wenige Eingeweihte des Hofes mußten an besagtem Dienstag noch von der beabsichtigten Komödie etwas wissen, denn die Rente fiel nur um ein halbes Procent. Das eigentliche Stück sollte am folgenden Mittag aufgeführt werden. Am Morgen war Jérôme David, das Haupt der bonapartistischen Heißsporne und Reactionäre, die Verkörperung der militirenden Kirche vom 10. December, der von der Civilliste pensionirte natürliche Blutsverwandte (wie Morny und Walewski) des Kaiserhauses, zur Privataudienz in St. Cloud und nahm seine Verhaltungsbefehle in Empfang. So waren die Getreuen unter Granier von Cassagnac und Dugué de la Fauconnerie voraus gewitzigt und postirt, vorbereitet, an der einschlagenden Stelle auf das Zeichen des Chefs der Claque in patriotischem Sturm loszubrechen. Herrn Cocherh war die Rolle des indiscreten Fragestellers zugetheilt worden. Wie in Carnevalsstücken die Höhe der Komik darein verlegt wird, daß ein unter die Zuschauer gemischter Schauspieler plötzlich nach der Bühne hin interpellirt, so hatte Cocherh an demselben Dienstag, an welchem des Morgens die Notiz des „Constitutionel" erschien, auch schon Mittags im gesetzgebenden Körper eine Interpellation eingereicht, zu dem Zweck, Beruhigung über Preußens Absichten auf den spanischen Thron zu erhalten. Mit einer Schnelligkeit, die weder den Gewohnheiten des kaiserlichen noch sonst eines auswärtigen Ministeriums zuzumuthen gewesen wäre, steht schon am Beginn der folgenden Sitzung, Mittwoch den 6., Gramont mit der Antwort bereit. Alles deutet an, daß ein großer Coup einstubirt ist. Präsident

Schneider bittet, vor allen Tagesgeschäften den Minister zu hören. Dieser besteigt die Rednerbühne. Seines Zeichens ein Lebemann, der keinen andern Ruhm gesammelt, als den, die Couplets sämmtlicher Vaudevilles auswendig zu wissen und in der Unterhaltung anzubringen, einer jener Sportsdiplomaten, welche ihren Beruf aus Geburt, elegantem Wuchs und Bartschnitt ableiten und die würdigen Vertreter dieser heutzutage ziemlich überflüssigen Gesandschaftsapparate sind, war er eben frisch von Wien gekommen, noch mit der Glorie der Liebes- und Innigkeitsbezeugungen umstrahlt, unter welchen man ihn daselbst entlassen hatte. So war er ganz und gar geschaffen, in diesem traurigen Possenspiel die Haupt- und Heldenrolle auszufüllen, während Emil Ollivier den naiven jeune premier, den gefühlvollen und — im Ernst — getäuschten Liebhaber des Friedens darstellte. Noch hat sich niemand die Mühe gegeben, durch einen Rückgriff auf ältere Ereignisse nachzuweisen, wie ganz ohne Vorgang die Erklärung Gramonts in der Geschichte der Diplomatie ist. Seitdem Parlamente bestehen, ließ sich schwerlich jemals ein Minister beikommen, gegen eine Macht, mit der sein Land seit einem halben Jahrhundert bis zur Stunde in Friede und Freundschaft gelebt, ohne voraufgegangenen Notenwechsel, ohne abgewartete Erklärung, ohne Versuch der Ausgleichung auf vertraulichem Weg, ohne Anfrage, in der beleidigendsten Form mit einer öffentlichen Denunciation vorzugehen, die nichts weniger bedeutete, als daß die angeklagte Regierung sich mit rechtswidriger, vorbedachter Treulosigkeit benommen habe. Nicht als ein Verdacht, sondern als eine Thatsache war dies ausgesprochen, und von vornherein damit bedeutet: Nicht Einwendungen, sondern nur feierliche Abbitte und Genugthuung werde helfen können, sofern nach den ausgesprochenen Drohungen so etwas überhaupt noch denkbar gewesen wäre. Da die Wucht des in der Zwischenzeit Erlebten die

Erinnerung an jene erſten Begebenheiten verwiſcht hat, ſo wird es nicht überflüſſig ſein, wenigſtens den Schluß jenes Auftritts ins Gedächtniß zurückzurufen.

„Wir glauben nicht," ſo lautete der letzte Satz der miniſteriellen Erklärung, „daß die Achtung vor den Rechten eines benachbarten Volks uns verpflichtet, zu dulden, daß eine fremde Macht, indem ſie einen ihrer Prinzen auf den Thron Karls V. ſetzte, zu unſerm Nachtheil das gegenwärtige Gleichgewicht der Kräfte in Europa ſtöre (ſtarker und lebhafter Beifall) und ſowohl die Intereſſen als die Ehre Frankreichs in Gefahr bringe (neuer Beifall und anhaltendes Bravo). Dieſe Eventualität, ſo hoffen wir beſtimmt, wird nicht eintreten. Um ſie abzuhalten, zählen wir zugleich auf die Weisheit des deutſchen Volkes und auf die Freundſchaft des ſpaniſchen Volkes.

Granier von Caſſagnac: Und auf unſere Entſchloſſenheit!

Der Miniſter: Sollte es anders kommen, ſtark durch Ihre Unterſtützung und durch die der Nation —

Laroche-Joubert: Sie würde Ihnen nicht ausbleiben!

Der Miniſter: würden wir unſere Pflicht zu erfüllen wiſſen ohne Zaudern und ohne Schwäche." (Langer Applaus. Wiederholter Beifallsruf. Bewegung und Widerſpruch auf etlichen Bänken.)

Das war die Sprache eines händelſuchenden Raufboldes, der ſich vorgenommen, den friedfertigen Nachbar diesmal nicht zu Worte kommen zu laſſen. Alſo nicht blos die ganze Grundangabe zur Feindſeligkeit war eine Lüge, ſondern die zweite Unwahrheit folgte ſogleich auf dem Fuß. Unter dem Schein, genugthuende Erklärung hervorzurufen, schnitt man die Möglichkeit jeder Erklärung von vornherein ab. Man heuchelte Ueberraschung, man heuchelte die Absicht der Verständigung, eines so gröblich wie das andere, mit derselben knabenhaften Oberflächlichkeit, welche in allen Stücken die Einleitung und Führung des Krieges kennzeichnet. Man glaubte an nichts als an den Schall seines eigenen Wortschwalls, und sorgte nur für das eine, daß unter möglichst betäubendem Geschrei keine Stimme der Vernunft im Inlande hörbar werde. Demgemäß wurde auch, wie durch Jérôme David und Consorten vorbereitet, der Schluß der ministeriellen Tirade von den im Saale richtig vertheilten Claqueurs mit einem Donner von patriotischem Beifall bedeckt, daß die ehrlichen und halbwegs unabhängigen Mitglieder der Mittelparteien den Kopf verloren. Wenige Tage darauf schilderte mir einer derselben den Hergang genau wie ich ihn hier erzählte, und setzte hinzu: „Als der Sturm vorüber war, sahen wir uns einander an, und fühlten etwas, wie wenn wir eine Dummheit gemacht hätten; aber was wollen Sie, wer wagt im Augenblick zurückzubleiben, wenn eine große Versammlung in patriotische Begeisterung ausbricht!" So weit war das erste Kunst= stück gelungen. Vergeblich riefen einige von der Linken sofort, diese Erklärung sei gleichbedeutend mit einem Kriegsmanifest gegen Preußen, vergeblich suchte Arago das zu motiviren. Die Janit= scharen schrieen sie nieder, und nachdem die größte aller diplo= matischen Ungebührlichkeiten zum bestimmten Zweck begangen war, verschanzte man sich wegen jeder weitern Rechenschaft hinter die internationale Schicklichkeit. Die feile und tolle Regierungspresse, die Leichtgläubigkeit und die Unwissenheit der Massen sorgten für den Rest. Wenige Tage zuvor erst hatte die Verhandlung über den Gotthard gespielt, ob als Vorbereitung oder als schüchterner Versuch, ist nicht zu sagen. Der ganze Strom der mühsam ver=

haltenen Poltersucht brach jetzt los, die eben noch mit Mühe bewahrte schönrednerische Mäßigung bürstete nach Ausgleichung. Die viel ventilirte Frage über den eigentlichen verantwortlichen Urheber dieses Krieges ist von der öffentlichen Meinung Deutschlands und von allen Sachverständigen, die sich darüber aussprachen, einmüthig längst dahin beantwortet: daß keinem der in den Prozeß verwickelten Theile die Schuld abgenommen werden kann, weder dem Kaiser, noch seiner Regierung, noch dem Lande im Großen und Ganzen. Einstweilen haben wir es hier mit der kaiserlichen Regierung, zunächst mit dem Ministerium Gramont, zu thun, denn dieser war trotz oder vielmehr wegen seiner geistigen Geringfügigkeit vom 5. Juli an die Seele des Cabinets, und nicht Ollivier. Die Hauptillusionen des ganzen Intriguenstückes, die Speculationen auf Dänemark, Italien, Oesterreich, die deutschen Südstaaten, concentrirten sich in Gramonts leichtfertiger, noch mit dem Gas der Wiener Cavaliers=Atmosphäre angeblasener Persönlichkeit. Er war auch der Mann, den nichtsnutzigen Zeitungen die Losung zum Halali gegen Preußen auszutheilen, der Ignorant, freilich nicht mehr der einzige, der sich einbilden konnte, das deutsche Volk werde sich sein Märchen von den iberischen Gelüsten des Königs Wilhelm aufbinden lassen und zu Frankreich halten. So erscholl denn am andern Morgen die Lärmkanone, die ganze Kette der Journale entlang. Und hier ist der Ort, eine weitere Lüge dieser Regierung festzuhalten. Sie behauptet, von der öffentlichen Meinung zum heftigen Auftreten wegen des spanischen Zwischenfalls gezwungen worden zu sein. Damit sagt sie eine wissentliche Unwahrheit. Sie, die Regierung, hat im besonderen Fall die ganze Hetze angestiftet, gerade wie sie auch die ganze Ueberraschung, die ihr als Vorwand dienen mußte, erfunden hat. Hätte Gramont sich nicht von Cochery interpelliren lassen, nicht die famose Erklärung ab=

gegeben, nicht seine Meute losgelassen, keinem Menschen in Frankreich wäre es eingefallen, die Leopold'sche Candidatur für etwas anderes anzusehen, als sämmtliche Präcedenzfälle derselben Gattung von Belgien bis Rumänien; niemand wäre auf die barocke Idee gekommen, Deutschland wolle jenseits der Pyrenäen mittelst des jüngern Sohnes eines mediatisirten Fürstenhauses 'den Grund zu einer Universalmonarchie legen, das Deutschland, welches aus Rücksicht auf die französische Einmischungslust aus Luxemburg abgezogen war und nicht einmal seine Bundesverfassung auf Südhessen auszudehnen sich entschließen konnte. Ich selbst war zur Zeit dieser Vorfälle in Paris, wohlbekannt mit dem politischen Leben und sämmtlichen Elementen der öffentlichen Meinung, und ich kann es nicht fest und bestimmt genug betonen: nein, in diesem besondern Falle war nicht die geringste Nöthigung von unten her gekommen. Alles, was vor und nach im gegentheiligen Sinne gesagt worden, ist grundfalsch. Die öffentliche Indignation war eine ganz und gar von oben künstlich angezettelte, angeblasene, natürlich unter freiwilliger, eifrigster Mitwirkung derer, welche seit Jahren im Dienst ihrer frivolen und leidenschaftlichen Verblendung einen solchen Krieg gesucht hatten. Wie viel von dieser Anzettelung auf den Kaiser fällt, ob er theilweise von Gramont, David und Genossen mittelst der Journale über die Spontaneität der öffentlichen Meinung getäuscht worden — das ist eine andere Frage, auf welche im Lauf unserer Betrachtung wohl noch einiges Licht fallen wird. Daß aber die Agitation mit blitzschnellem Erfolg um sich griff, und ganz Frankreich, mit wenigen Ausnahmen, in Brand setzte, das ist andererseits unläugbare Thatsache; daß es auf diese Weise geschehen konnte, ist nur durch die Unwissenheit, Abergläubigkeit und puerile Erregbarkeit des öffentlichen Geistes möglich gewesen. Unter den 38 Millionen mögen vielleicht tausend Menschen, wenn so viele, gewesen sein, welche Gramonts spanische Fabel nicht glaubten. Die skeptischen, regierungsfeindlichen Blätter, auch die, welche, weil es die Regierung wollte, jetzt gerade nicht in die Kriegstrompete mitblasen mochten, gossen am meisten Oel ins Feuer, indem sie das Ministerium als das von Preußen überlistete verhöhnten. „Das habt ihr geschehen lassen, so wenig wißt ihr, was in der Welt vorgeht, Bismarck hat euch schön über den Löffel barbirt!" So lautete die beliebte Wendung auf Seiten der Linken und äußersten Linken. Auch der Abgeordnete Cremieux, obgleich er sofort am 6. Juli gegen diese Einschmuggelung einer Kriegserklärung sich verwahrte, nimmt nicht den geringsten Anstand zu glauben, daß Bismarck schuldig sei: „Herr von Bismarck, dieses große Genie (sagt er ironisch), das man heute als das Jahrhundert beherrschend hinstellt, hat die Idee gehabt, einen preußischen Prinzen auf den spanischen Thron zu setzen." Zu der Vorstellung, welche der französische Wunderglaube sich von Bismarck zurecht gemacht, gehörte ganz diese Auffassung. Wie alles in der Welt „gemacht" wird, so braucht auch dieselbe Denkungsweise einen „Allerweltsmacher," und dieser ist und war seit 1866 Bismarck! · „Ah quel géant ce Bismarck!" sagte andern Tags zu mir Herr Léopold, der radicale Friseur in der Rue de Luxembourg, und zog dabei seine ihn nie verlassende Nummer des „Rappel" aus der Tasche. Was vom Nordpol bis zum Südpol auf der Welt geschieht, hat Bismarck gethan, und natürlich ist es eitel Werk des Ehrgeizes, der Bosheit, der Schadenfreude und vor allem teuflischer Schlauheit. Sämmtliche Malefizhelden von Balzac, Eugen Sue, Alexander Dumas und Victor Hugo sind in ihm verschmolzen. Daß er auf die Reclamation die einzig richtige Antwort gab: Die ganze Leopold'sche Throncandidatur mache ihm weder heiß noch kalt, und gehe weder den preußischen Staatsminister noch den nord-

deutschen Bundeskanzler etwas an, das war natürlich erst recht
der unwiderlegliche Beweis seiner tiefangelegten Mine und uner=
gründlichen Bosheit. Die regierungsfeindlichen Organe, die sich
triumphirend die Hände rieben über die Falle, in welche das Ca=
binet gegangen zu sein vorgab, dienten diesem am meisten, und so
gab es Niemand, der nicht in der einen oder der andern Weise
dazu beigetragen hätte, die Urheberschaft des spanischen Zwischen=
falls allein in Berlin und Varzin zu suchen, und folglich auch einen
unerlaubten und wohlberechneten Uebergriff preußischen Ehrgeizes darin
zu erblicken; Niemand, der nicht als selbstverständlich ansah, diese
Candidatur sei ein Schaden, eine Gefahr und ein Schabernack für
Frankreich, während sie doch für Preußen und Deutschland in der
That höchst gleichgültig, höchstens Grund zur Besorgniß wegen
irgendeiner künftig möglichen Verlegenheit sein konnte. Die aus=
wärtige Diplomatie, die englische zumal, stets liebedienerisch gegen
jede französische Regierung, wagte auch kaum über den Grund zur
Beschwerde etwas einzuwenden. Sie vereinigte sich dahin: Frank=
reich habe ein Recht diese Candidatur zu perhorresciren, aber mit
ihrem Verschwinden freilich jeden Anlaß zur Beschwerde verloren.
Weil man in St. Cloud sich bei Zeiten auch mit Unzufriedenheits=
gründen gegen Belgien versehen wollte, behaupteten die officiösen
Organe, der Brüsseler Hof habe ein wenig seine Hand bei der spa=
nischen Sache im Spiele gehabt. Das war so eine kleine Neben=
lüge, die kaum bemerkt eingeflochten wurde.

Jedem der politisch zu rechnen verstand, war inzwischen ein
Umstand klar geworden: Mit oder ohne geheime Einwirkung des
preußischen Ministeriums und Hofes mußte der fürstliche Candidat
zu dem Entschlusse gelangen, seine Ansprüche dem europäischen
Frieden zu opfern. War alles nur Vorwand von kaiserlicher
Seite, so mußte dieser Prinz erst recht ihn beseitigen, sei es um

den tückischen Plan zu vernichten, sei es um ihn in seiner Lügenhaftigkeit hinzustellen. Die Unschuldigen, und dazu gehörte ein Theil der europäischen Diplomatie, der Börsenwelt und der Journalistik, glaubten aus diesem Grund an die friedliche Lösung. Andere Diplomaten, welche intimere Beziehungen zu dem Tuilerien-Hof unterhielten, wußten wie viel die Stunde geschlagen, und verbreiteten geflissentlich im Dienste der hohen Gönnerschaft das Geheimniß, mit dem Rücktritt Leopolds werde alles sein seliges Ende finden. Durch diesen Canal ging auch der deutschen Presse eine gute Dosis Opium zu. Die kaiserlichen Kriegsdränger ihrerseits fürchteten die Gefahr einer Ausgleichung und suchten durch das wüthende Gebahren in der Presse nach beiden Seiten hin den Riß, unheilbar zu machen. Wer den von Gramont, wenn auch nicht geschriebenen, doch geleiteten „Constitutionel," wer die von Olliviers Protector Girardin geführte „Liberté" und das allmächtige Organ des Stadtklatsches, den „Figaro," in jenen Tagen las, dem mußte unzweifelhaft sein, daß die Regierung den Krieg wolle, und daß bei dem bevorstehenden Rücktritt Leopolds eine neue Chicane auftauchen werde. Emanuel Arago, einer der wenigen, welche zu keiner Zeit und unter keinen Umständen den Krieg gegen Deutschland gewünscht oder geprebigt, der sogar kurz vor dem Ausbruch des ganzen Zwischenfalls bereits eine umfangreiche Demonstration zu Gunsten der Freundschaft mit Deutschland vorbereitet hatte, beschloß nach Besprechung mit einigen Freunden, dieser erwarteten Chicane die Spitze abzubrechen. In der Sitzung vom Montag, den 11. Juli, richtete er an das Ministerium im gesetzgebenden Körper die Anfrage: ob es für den Fall des Rücktritts Leopolds die ganze Verwicklung als erledigt betrachte? Die wohlberathenen Spießgesellen des Ministers, die Cassagnac und und Dugué, sprangen unter dem Gebrüll ihres Anhangs entrüstet von ihren Sitzen auf und riefen jenem zu: „Antworten Sie nicht!

Antworten Sie nicht!" Und der Minister, der mahnenden Stimme der großen Vaterlandsfreunde gehorchend, hüllte sich in patriotisches Schweigen.*)

Der folgende Tag, Dienstag den 12. Juli, war die große Journée des Dupes, an welcher die Naivetät der Börse durch Olliviers Naivetät grausam mißbraucht wurde. Von dem Hause der Abgeordneten auf dem Dönhoffsplatz in Berlin geht ein Dienst in den Stadt-Telegraphen. Im Palais Bourbon, dem ungleich prächtigeren Sitze des gesetzgebenden Körpers, fehlt diese Vorrichtung. Die Verbindung zwischen der Versammlung und der Börse wäre auch gefährlich, doch diesem Mangel wird durch zahlreich ab- und zugehende Boten möglichst nachgeholfen. An besagtem Dienstag bot der Palast einen merkwürdigen Anblick dar. Man sah den Nachrichten aus Deutschland mit Gewißheit entgegen, und eine ungeheure Menschenmenge belagerte schon von außen das Gebäude. In der großen Vorhalle, der s. g. Salle des Pas perdus, in welcher die Abgeordneten ihre Besuche empfangen, war aber nahezu das ganze Parlament versammelt. Kaum zwei Dutzend Menschen konnten im eigentlichen Sitzungsraume zurückgeblieben sein. Da standen sie in Gruppen, dort wandelten sie zu zweien oder mehreren in starken Schritten und mit lebhaften Gebärden auf und nieder. Zwischen der Pforte des Palastes und dem offenen Thürbogen zur Vorhalle standen in Haufen die nicht zugelassenen Börsengalopins mit ihren Notizen und Bleifedern, zwischen welchen die Auserwählten des abgesonderten Raumes bedeutsam ab- und und zugingen. Dazu Journalisten aller Farben, Zeitungsboten und dgl., nnd alles mit dem Ausdruck der höchsten Spannung auf dem Gesichte. Von gut unterrichteter und bis dahin friedensgläubig

---

*) Belmontet, der Versifex des Hofes, rief Arago zu: „Man sieht wohl, daß Sie Gesandter in Berlin waren."

gestimmter Seite war mir eine halbe Stunde zuvor die positive Mittheilung zugegangen, daß alle Hoffnung verschwunden, der Krieg eine beschlossene Sache sei. Ich vermuthete also, daß im gesetzgebenden Körper eine entsprechende Kundgebung erfolgen werde. Wie erstaunt war ich, als beim Eintritt in die Salle des Pas perdus mich die Nachricht empfing: Ollivier habe an dieser nicht amtlichen Stelle ein Telegramm des Fürsten von Hohenzollern, Vater, mit lauter Stimme verlesen, in welchem dieser den Verzicht seines Sohnes meldete. Und damit, habe Ollivier geschlossen, ist die ganze Schwierigkeit erledigt, l'incident est vidé, wie man sich in der Gerichtssprache ausdrückt. Officiell jedoch, hieß es, sei nichts derart erklärt worden, und einige Abgeordnete wollten — mit wie gutem Grund! — nicht in die allgemeine Beruhigung einstimmen. Von dem Palais Bourbon begab ich mich nach dem Boulevard zu, und hier strömte mir nun die ganze Friedensgewißheit entgegen, die sich von der Börse aus verbreitet hatte. Als ich sagte, daß ich aus dem Gesetzgebenden komme, verlangte man, daß ich den Text und die Umstände der feierlichen und officiellen, soeben verkündeten Friedenserklärung wiederhole. Vergebens betheuerte ich, daß die Dinge in solcher Gestalt nicht vor sich gegangen. Man entschied, ich müsse blind und taub gewesen sein, da an der Börse die authentische Mittheilung gemacht worden, daß Herr Ollivier in der Kammer die Zufriedenheit der Regierung mit der eingegangenen Genugthuung erklärt habe. Aber noch war ich mit einem halben Dutzend Personen im Streit über die Zuverlässigkeit meiner Sinneswerkzeuge, als eine Schaar von Boten schon wieder mit Hiobsgesichtern und entsprechenden wankenden Coursen angesprengt kam.

Und so war es. Der Ollivier'sche Friedensaccord selbst war nur ein eben ausgesprochener, sofort auch beseitigter Zwischenfall geworden. Mein Gewährsmann der Mittagsstunde war gut unterrichtet gewesen. Damals schon war an entscheidender Stelle beschlossen, sich mit dem fürstlichen Verzicht nicht zu begnügen und eine neue Herausforderung ins Werk zu setzen. Den unschuldigen Ollivier ins Geheimniß zu ziehen war versäumt oder für überflüssig erachtet worden, und so konnte der Arme in frommer Zuversicht die Flüche der getäuschten Börse auf sich laden. Ob noch mehr Kunst dabei im Spiele war, das Spiel mit noch mehr Kunst getrieben wurde, ob man sich der Unschuld des Großsiegelbewahrers absichtlich bediente, um, wie es in der Börsensprache heißt, gewisse Positionen möglichst vortheilhaft zu liquidiren — darüber, wie über so manches Staatsgeheimniß, können nur die Bücher der Wechselagenten Aufschluß geben. Aber Ollivier selbst — sein Haupt ist auch ohnedieß genug beladen — ist von diesem Verdachte gewiß freizusprechen. Hat er nicht den Kopf des großen Großsiegelbewahrers von Verulam, so hat er auch nicht dessen Hände. Einige Tage später sprach College Gramont in öffentlicher Sitzung über dieses unstaatsmännische Verhalten das vernichtende Urtheil, „daß er sich um den im Flur umlaufenden Klatsch nicht kümmere." Das war die Strafe für den seltenen Moment unbewachter Ehrlichkeit, dem sich ein Minister überlassen hatte.

Gramont, der Held des Tages, fühlte sich um so größer. Ollivier, einst dem Namen nach der Chef des Ministeriums, hatte den „dummen Jungen" ruhig eingesteckt. Das Fabuliren nach Belieben kam nun erst recht in Zug. Aus dem in die telegraphischen Mittheilungen übergegangenen Bericht der „Norbd. Allgem. Ztg." über Benedetti's letzte Abweisung in Ems machte Ollivier, im Namen des ganzen Cabinets sprechend, am 15. Juli ein officielles Rundschreiben des norddeutschen Bundeskanzlers, und auf diese neue Phantasie ward auch sofort die der Kriegserklärung gleichbedeutende Eröffnung in der Kammer gesetzt. In kaum acht Tagen und mit Hülfe von kann einem halben Dutzend amtlicher Lügen war Europa in den blutigsten Krieg der Neuzeit hineingetollt worden. Und von welchen Menschen!

Die schriftlich aufgesetzte, in Abwesenheit seines „Freundes und Collegen Gramont" Namens des ganzen Cabinets verlesene Kriegsmanifestation, welche dringlich einen Credit von 50 Millionen für die Bewaffnung begehrte, enthielt übrigens, als würdigen Schluß der ganzen Reihe, auch mehr als nur eine einzige Unwahrheit. Nicht bloß machte sie aus der „Norddeutschen Allgm. Ztg." ein amtliches Rundschreiben, sondern sie wiederholte auch auf Rechnung des englischen Ministeriums eine Lüge, gegen welche Lord Lyons bereits ein erstesmal feierlich Protest eingelegt hatte. Es heißt nämlich in besagter Note: „Die meisten auswärtigen Cabinete hätten mit mehr oder weniger Wärme (es wäre interessant die mit der meisten Wärme zu kennen!) die Berechtigung der französischen Beschwerde anerkannt." Da Frankreich officiell und heuchlerischer Weise die englische Vermittelung angerufen hatte, so mußte hier zuerst an England gedacht werden. Und dennoch hatte England sich bereits gegen eine falsche Aussage, gleichlautend an Form und Bedeutung mit der angeführten, sich verwahrt. Am 11. Juli schon hatte Gramont in der Kammer betheuert, alle Mächte erkennten die Legitimität seiner Beschwerde an.

Das nun war selbst dem über die Maßen ängstlich und zärtlich auftretenden Grafen Granville zu viel. Er beauftragte seinen Gesandten in Paris, Lord Lyons, sich bei dem edlen Herzog deshalb zu beschweren. Graf Granville hatte es für seine Pflicht gehalten sich dumm zu stellen und an die erlogene Gefahr wie an die heuchlerische Bitte um Vermittlung zu glauben; ja als er später nicht umhin konnte den Wortbruch des französischen Cabinets zu beklagen, welches sich mit dem Rücktritt Leopolds nicht befriedigt erklärte, trotzdem, daß es wenige Tage zuvor das Gegentheil feierlich zugesagt hatte, hielt er es für nöthig, diese bittere Pille mit einer Anspielung auf die „Leidenschaften Deutschlands (!)" zu versüßen (Document Nr. 30 des Blaubuchs). In seiner Depesche Nr. 15 vom 8. Juli nämlich schließt Lord Lyons den Bericht an Granville über seine Unterredung mit Gramont wie folgt: „Es gäbe noch eine Lösung, und der Herzog hat mich gebeten auf diese die besondere Aufmerksamkeit von J. Maj. Regierung zu lenken. Der Prinz von Hohenzollern könnte aus freien Stücken seine Ansprüche auf den spanischen Thron fahren lassen... Ein freiwilliger Rücktritt des Prinzen wäre, wie der Herzog v. Gramont erklärt, eine äußerst friedliche Lösung dieser schwierigen und verwickelten Frage. Er ersucht J. M. Regierung, deren ganzen Einfluß aufzubieten, um dahin zu gelangen." Das war am 8. Juli, und fünf Tage später, da, theilweise als Erfolg dieser englischen Bemühung, der französ. Minister die freiwillige Verzichtleistung des Prinzen in der Hand hatte, verkündete er, daß Frankreich sich damit nicht zufrieden geben könne, und stellte dem König von Preußen jene lächerlich impertinente Zumuthung, daß er schriftlich gelobe sich zu bessern und nicht rückfällig zu werden — eine Art Revers, sich unter Frankreichs polizeiliche Aufsicht zu begeben. Und, so unerhört das Ansinnen war, im unmöglichen Fall der Annahme wären ohne Zweifel neue, unerhörtere Anforderungen von Seiten dieser Uebermüthigen nachgekommen. Mit solchem Verfahren öffentlich sich als einverstanden erklären zu lassen, war mehr als selbst Graf Granville's Anhänglichkeit an die kaiserlich französische Politik auf sich nehmen konnte, und sein Gesandter reichte am Abend des 14. Juli ein Memorandum auf dem französischen Ministerium des Auswärtigen zu Paris ein, in welchem umständlich und nachdrücklich über jene Fälschung vom 11. d. M. Klage geführt ward. Nichtsdestoweniger verlas am folgenden Tag, am 15., nach 3 Uhr Abends, Ollivier statt des Ministers des Auswärtigen die Erklärung an die Kammer, in welcher dieselbe Unwahrheit in noch stärkeren Worten wiederholt wurde. Als nach der Sitzung Lord Lyons den Herzog v. Gramont deßhalb zur Rede setzte, versicherte dieser ganz dreist, er habe allerdings, indem er jene Behauptung aufgestellt, die englische Regierung dabei im Auge gehabt, und that ganz überrascht, daß diese nicht damit einverstanden sein wollte. Und als ihm der Lord unwiderleglich bewies, daß er so unschuldig nicht sein könne, verwickelte sich der Herzog in so unverständliche und unzusammenhängende Redensarten, daß er sich schließlich nur mit der Ausflucht zu helfen wußte: er werde seinen Gesandten in London, Herrn v. Lavalette, beauftragen das Weitere dem Grafen Granville zu erklären. Mit diesem Trost, daß der Sinn dieser Auseinandersetzung über seinen, des Lords, Horizont gehe, ließ dieser sich auch abfinden, und setzte in seinem Bericht hinzu: „Ich enthalte mich daher der Angabe weiterer Einzelheiten aus Furcht irgend welchen Irrthum zu begehen (de peur de tomber dans quelque confusion)!" Auch ein hübscher Beitrag zum praktischen Nutzen der Gesandtschaften. Freilich kam es hauptsächlich darauf an, daß die kaiserlich napoleonische Regierung nicht an der Liebe des Ministeriums Granville zweifle. Und so schließt der Gesandte seinen Bericht an den Minister mit nachstehendem erbaulichen Satze: „Ich könne nicht läugnen, sagte ich, daß die Regierung Ihrer brittischen Majestät Ursache habe sich unangenehm enttäuscht zu fühlen (de se sentir désappointé). Sie war veranlaßt worden zu glauben, daß die Verzichtleistung des Prinzen von Hohenzollern auf den spanischen Thron alles sei, was Frankreich verlange. Jetzt heißt es wieder: Frankreich begehre mehr als das. Aber, wie dem auch sei, fügte ich zum Abschied hinzu, das wird gewiß nicht den freundschaftlichen Gefühlen Abtrag thun, die das glückliche Ergebniß des herzlichen Einvernehmens gewesen sind, das seit vielen Jahren zwischen unsern beiden Regierungen und Nationen bestanden hat." Und damit gab England seinen Segen, vollkommen das Vertrauen rechtfertigend, welches ein Leitartikel des „Journal officiel" am Morgen des 6. Juli, einige Stunden vor Gramonts Erklärung, zum Lobe des englischen Premier gebracht hatte. Dieser wohlverdiente Panegyrikus schloß mit den Worten: „Le comte de Granville a d'ailleurs depuis longtemps l'honneur de connaitre personnellement l'Empereur Napoléon. Il professe pour S. M. l'attachement le plus respectueux. En outre des relations de courtoisie et d'amitié qui remontent déjà très loin, unissent le chef du Foreign Office au Ministre des affaires étrangères de France."

II.

„Der Krieg? Niemand will ihn; jeden erfüllt er mit Schauder, und doch — alle sehen ihn kommen."

Diese inhaltschweren Worte fielen vor mehr als bereits drei Jahren im gesetzgebenden Körper zu Paris (20. December 1867). Zahllose prophetische Aeußerungen gleichen Sinns ließen sich beibringen. Je mehr man in die Vorgeschichte der heutigen Katastrophe zurückgreift, desto mehr wird man überwältigt von der Unaufhaltsamkeit, mit welcher das Schicksal, trotz aller Vorausverkündigung und Gegenwehr, sich heranwälzte. Nichts ist so geeignet uns Mäßigung zu predigen gegen eine allzu harte Beurtheilung des Feindes, als die Einsicht in die unwiderstehliche Naturgewalt, mit der dieser Sturm heraufgezogen kam. Es ist wahr, die Versuchung unsern Widersacher zu verdammen ist groß. Seit fünf Monaten können wir nicht aufhören beinahe wörtlich dieselben Interjectionen über die krassen Thorheiten auszustoßen, welche uns Frankreich vorplaudert. Aber dennoch liegt in der unbedingten Verachtung gegen die Geistes- und Seelenzustände dieses einst so bedeutenden und liebenswürdigen Volkes etwas Naturwidriges, das uns stets von neuem antreibt, Billigkeitsgründe zu deffen Gunsten aufzusuchen. Was ihm zu gute gehalten werden muß, liegt vor allem in obigem Ausspruch angedeutet. Die Franzosen selbst nämlich hielten dafür, daß sie den Krieg nicht wollten, während ihr innerstes Ingenium sie hineintrieb. Diesen ihren eigenen Impuls gewahrten sie nur — wie das dem Menschen, besonders aber dem Franzosen, nahe liegt — nicht in sich, sondern außerhalb; in uns Deutschen und in unsrer Entwicklung. Hunderte von ihnen haben es vorhergesagt: „die Deutschen werden Frankreich mit Krieg überziehen". — Muß es Diesen nicht schwer werden einzusehen, daß sie die Schuldigen sind? Edgar Quinet wird kommen und uns die beredten Stellen vorlesen, in denen er 1866 voraus verkündet: dieses gewappnete Cäsarenreich Preußen trägt den Krieg gegen den heruntergekommenen Nachbar Frankreich im Leibe. Und viele andere werden es ihm nachthun. Um einzusehen, daß der Teufel, welcher diesen Zusammenstoß bereitete, nicht in unserer, sondern in ihrer Brust saß, müßten sie nicht Franzosen sein. Diejenigen von ihnen, welche einräumten, daß Frankreich im Juli Angreifer gewesen, haben sich beeilt nach Sedan aus dieser unbequemen Stellung zu entspringen.

Seit Sedan sind wir auch für diese, für alle, der angreifende Theil. Wir hätten damals die Waffen strecken und heimkehren sollen, meinen sie. Sie kennen sich so wenig, daß keiner von ihnen ahnt, wie schlecht sie uns solche blöde Schwäche gelohnt hätten. Wir müssen gewärtig sein, daß sie aus der Fortsetzung des Kriegs bei Sedan folgern werden, nun sei es ausgemacht, daß wir von vornherein der angreifende Theil gewesen. Genau daran reiht sich als zweites großes Argument, daß wir so über alle Maßen gesiegt haben. Um unsere Unschuld zu beweisen hatten wir nur ein Mittel: wir mußten uns schlagen lassen. Dann vielleicht hätten sie uns zugegeben, daß nicht wir den Krieg angefangen und zu verantworten hätten. Uns die Unschuld, ihnen der Sieg, so etwa hätte die Sache sich ausgleichen lassen, gerade wie es jetzt heißt: ‚à eux la victoire, à nous la gloire." „Die Capitulation von Metz," sagte jüngst ein alter französischer Officier in Versailles zu einem seiner Freunde, „die Capitulation von Metz ist schimpflich für uns, aber rühmlich für die Preußen ist sie nicht;" c'est honteux pour nous, mais ce n'est pas glorieux pour les Prussiens". Auch Victor Hugo ist nur ein krasser Prototyp, durchaus keine besondere Species. Uns schlagen zu lassen, das war überhaupt unsere sittliche Pflicht. Von dem Augenblick an, da wir in der ersten Begegnung nicht dieser Schuldigkeit nachkamen, wurden wir angesehen wie Rebellen niedriger und boshafter Art gegen Recht und Vernunft, dämonische Empörer gegen alle höheren Mächte. Am 6. August, als die Niederlage von Weißenburg dem Volke bekannt wurde, heulte eine Zeitungsverkäuferin des Boulevard des Capucines einem meiner Bekannten mit geballter Faust und strömenden Augen entgegen: „Ah ces Prussiens, si je les tenais, je leur arracherais les yeux!" Schlechte Kerle waren wir von dem Augenblick an, da wir uns unterstanden zu siegen. Mit keiner klugen Wendung werden sie das wegdeuteln können; es ist eine grobe Wahrheit, die überall naturalistisch im Volke durchbrach, sich mit unmittelbarer Wuth und Gewalt Luft machte, wie bei jenem Weibe. Die ganze Austreibungsgeschichte, an der Hoch und Niedrig sich betheiligte, das ganze lamentable Klagegeschrei von der Spionage und Verrätherei der Deutschen — sie waren nichts als Abzugscanäle für den animalischen Haß, der auflodert gegen die Unverschämten, die sich nicht schlagen ließen. Daher kommt ja, daß sie uns Alle, Alle (stets mit Vorbehalt der paar hundert stillen Ausnahmen) Sadowa übelnahmen. Sadowa war der Verdacht, den Weißenburg bestätigt hat.

In der alten Streitfrage, ob eigentlich das Ganze existire oder das Einzelne, ob die Geltung und Wahrheit des Lebens in der Gesammtheit und in Abstractionen liege oder im besonderen Individuum, steht der Krieg natürlich auf Seiten der Idealisten. Was hat der arme Kerl, der mit Jubelgeschrei in den Tod geht, vom Vaterland, was weiß er von ihm? Und doch arbeitet das Große, die höchste Abstraction, in seinen Eingeweiden. So auch bringen allemal die großen Katastrophen, wenn wir den Ueberblick über sie gewinnen, uns zu dem idealistischen Schlusse, daß es nicht anders kommen konnte, und damit zu der maßvollen Beurtheilung unserer Gegner. Wer sich noch des Jahres 1848 erinnert, der weiß, wie während der Schicksale, und kurz nachdem sie sich erfüllt, die anklagenden Reden umgingen, einer dem andern den Ball zuwarf: der hat's verdorben an jenem Tag, zur bestimmten Stunde! Es giebt sogar in Frankreich, wie in deutschen Landen, noch heute politische Apotheker, welche beweisen, daß, wenn man eine Messerspitze voll mehr aus einer gewissen Düte genommen hätte, alles anders gekommen wäre. Wie schwach und schal kommt uns das vor, die wir jene Zeit und ihre Formen jetzt in großer Ausdehnung hinter uns liegend übersehen; und welcher Mensch, der einen Blick für die inneren Triebkräfte der Geschichte hat, vermag etwas anderes zu fassen, als daß die gegebenen Mittel jener Zeit nicht ausreichten für die großen Anläufe, die sie genommen. Auch Mephisto im Magistermantel spricht ja eigentlich nur Wahrheiten aus, wenn schon bedingte: „Der Philosoph tritt dann herein und beweist euch, es müßt' so sein, denn wenn das erst' und zweit' nicht wär', das britt' und viert' wär' nimmermehr!" Wenn diese Weisheit dem einen Falle nachhinkt, warum sollte sie nicht auf den folgenden benützt werden? Nein, die Franzosen haben den Krieg nicht gewollt, aber alle haben zum Kriege beigetragen. Will das Strohdach die Feuersbrunst? Nein, aber sobald ein Funke hineinfällt, flammt es lichterloh. So steht es mit der Schuld und Unschuld der Franzosen. Alle die hervorstechenden Persönlichkeiten, welche in diesem Kriege der Reihe nach uns gegenüber aufgetreten sind, haben das unter sich gemein, daß sie vom Krieg abriethen und dennoch ihn herbeiriefen. Vor allen der Kaiser selbst. Er gehört zu denen, welche am längsten der Versuchung widerstanden haben, und so sehr zwar, daß man sagen kann: Der Ausbruch ist letzten Orts aus seinem Versinken in Schwäche und Willenlosigkeit gegen die Camarilla hervorgegangen. Seit zwei Jahrzehnten stand die Sache so: Die wenigsten begehrten von ihm schnurstracks, daß er diesen Krieg anfange; aber an dem Tag, an welchem er für gut hielt, ihn zu erklären, gehörten ihm die Meisten mit Leib und Seele. Das war eine endlose Versuchung, täglich, stündlich wiederkehrend in allen Gestalten, heute als freundschaftlicher Rath, morgen als feindselige Herausforderung. Die ganze zähe Beharrlichkeit seines phlegmatischen Wesens gehörte dazu, daß er so lange widerstand. Aber nach aller Wahrscheinlichkeitsberechnung mußte unter so vielen Stunden einmal die schwache kommen, die dem ewigen Anprall der nimmer rastenden Woge nicht länger Damm hielt. Und dann war es geschehen. Mit dem Alter, mit den begangenen Fehlern, mit dem Wegsterben der ersten geriebenen, gesättigten Abenteuergenossen, mit dem Aufkommen grüner ungesättigter Streblinge war die Gefahr vervielfacht. Und so kam es. Wer noch zweifelt, lese die Flugschrift, welche der Kaiser unter dem Namen eines Generalstabsoffiziers verfaßt hat. *) Aus dieser, man kann beinahe sagen naiven Selbstschilderung geht in überraschender Weise hervor, wie vollständig dieser Mann seinem eigenen Verstand, Urtheil, Willen entsagt, wie er sich zum jammervollen Schleppträger der ministeriellen Pfuscherei gemacht hatte. Er vergaß ganz, daß der Krieg zur Aufgabe hat, den Feind zu schlagen, nicht aber den Freund bei guter Laune zu erhalten. Und nach diesem Objectiv: die Pariser zu beruhigen, wurden die Armeen vom 1. August bis zum 1. September geführt. Nichts ist so charakteristisch für den Geisteszustand des Kaisers und für die von ihm seit Jahren befolgte, auf seine Günstlinge übergegangene Regierungskunst.

Der Einblick in die Zustände, welche dieses Bekenntniß gibt, ist zu lehrreich, als daß man sich versagen dürfte, wenigstens einige der bezeichnendsten Stellen hervorzuheben. Also nach den ersten Niederlagen will der Kaiser die Armee nach Châlons führen und dort zu neuem Widerstand organisiren. Anfänglich wird dieser Plan von den Ministern in Paris gebilligt. Aber zwei Tage darauf meldet ein Brief Olliviers (!) dem Kaiser: Der Ministerrath bereue diesen übereilten Beschluß, „weil das Verlassen Lothringens einen bitterbösen Eindruck auf die öffentliche Meinung hervorbringen müßte!" Dem gibt der Kaiser nach. Später wieder beschließt ein Kriegsrath: Die in Châlons versammelten Truppen sollen mit dem Kaiser nach Paris zurück. Wie der Ministerrath dies erfährt, protestirt er, und sein Hauptgrund ist: „Die Rückkehr des Kaisers würde als ein Zeichen übler Vorbedeutung angesehen werden." In dem Pariser Ministerrath wollte man vor allen Dingen Metz und Bazaine befreien. Mac Mahon mißbilligt

---

*) Campagne de 1870. Des causes qui ont amoné la Capitulation de Sedan. Bruxelles. J. Rozez.

diesen Plan, und will mit der einzigen noch verfügbaren Armee
sich westwärts ziehen. Ordre von Paris auf Metz zu marschiren.
„Gewiß, der Kaiser konnte sich dieser Ordre widersetzen, aber er
zog vor, den Entscheidungen der Regentschaft (!) keine Schwierig=
keiten entgegenzustellen (er, das Haupt der Armee an Ort und
Stelle, inmitten der Marschälle, vor dem Feind; — in Paris:
Palikao, Eugenie und — der Boulevard), denn er hatte sich be=
schieden, die Folgen des Verhängnisses über sich ergehen zu lassen,
welche sich an alle Beschlüsse des Gouvernements hefteten." Und
nachdem er Sedan geschildert, bricht er in den Ausruf aus: „Ja,
das waren die Folgen eines von Paris aus im Widerspruch gegen
die ersten Anfangsgründe der Kriegskunst uns auferlegten Planes!"
Hier ist keine unehrliche Ausflucht, denn welch' beschämenderes Be=
kenntniß könnte ein Regent machen, als daß er sich von einem
Weib und einigen Höflingen nach den Bedürfnissen der Boulevards=
eindrücke dirigiren ließ! Und am Ende hat er so jede Selbstbe=
stimmung, jedes Gefühl der Würde und Macht eingebüßt, daß er
sich zu der thörichten Versicherung herbeiläßt: „Er habe sich ergeben,
weil nach der Behauptung der Presse (!) der Feind sich damit
befriedigt erklären mußte". Also nicht sein Urtheil, sondern die
Presse — und welche Presse! — hat ihm das erzählt. Nein,
dieser Mann war nur noch ein Schattenbild, als er in den Krieg
zog; wie der Feldzugsplan, war der Feldzug ihm von Weibern,
Advocaten, Abenteurern, Maulhelden aufgeschwatzt worden. Sie
Alle, ihn einbegriffen, hatten von lange her nur nach derselben
Methode regiert. Bei jeder Thatsache war die erste Frage: wie wird
sie sich morgen im „Moniteur" ausnehmen, oder vielmehr: wie
müssen wir sie aufstutzen, damit sie sich im „Moniteur" gut aus=
nehme? In solcher Geistesverfassung befand sich der Kaiser als
er sich bereden ließ, zur Wundercur des Plebiscits zurückzugreifen,

um die alten Knochen zu verjüngen. Nachdem es gelungen, fiel er erst recht den Quacksalbern in die Hände, er, der schon in bessern Zeiten an die Schwarzkunst des Geisterseher Home thatsächlich geglaubt hatte.

Solcher Weise ist der Schuldigste in der That vielleicht der wenigst Schuldige. Nicht als wäre er auch in seinen hellsten Zeiten je um ein Haar zu gewissenhaft gewesen, ein Verbrechen zu begehen, wenn es mit Gewißheit seinen Zwecken zu dienen versprach, sondern weil, so lange Wille und Einsicht ihm zu Gebote standen, er stets die halsbrechende Seite des Unternehmens wahrgenommen hatte. Er könnte, wie alle, welche im Laufe des Kriegs in erster Reihe uns gegenüber treten, sich auf zahlreiche öffentliche Erklärungen berufen, die seine richtige Beurtheilung der Sache ausweisen. Gleich bei Gelegenheit des italienischen Feldzugs von 1859 ließ er im „Moniteur" erklären, daß er der Einheit Deutschlands nicht minder hold sei als der Italiens — eine Aeußerung, die ihm von den Gegnern unserer Nation später oft genug vorgehalten wurde; im Jahr 1864 ließ er uns den dänischen Krieg machen und mußte sich dafür von der parlamentarischen Linken und von den freisinnigen Blättern die härtesten Zurechtweisungen gefallen lassen. In dem bekannten Schreiben Lavalette's vom 16. September 1866 ließ er die Ansicht vertheidigen: daß die Ereignisse des Sommers Frankreich eher zum Vor- als zum Nachtheil gereichten, daß wir jetzt weniger Bevölkerung hätten als der deutsche Bund, und daß schon der erste Napoleon den großen Agglomerationen hold gewesen sei. Es war freilich ein Vertheidigungsschreiben wegen der ihm von der Opposition unabläßig vorgeworfenen und vielleicht auch von ihm bereuten Nichtintervention; aber umsomehr kann er sich darauf berufen, daß er dem Anbringen von außen, welches die Einmischung in die deutschen Angelegenheiten verlangte, Widerstand geleistet.

Wie wenig kann man über die Meinung der Massen schon zu jener Zeit im Zweifel sein, wenn Rouher selbst einräumte eben dieser Stimmung entgegentreten zu müssen. „Das Land," sagte der Minister dazumal, „schwankt hin und her zwischen dem Wunsche den Frieden zu erhalten und der Hoffnung, durch Krieg eine Gebietserweiterung zu erlangen." Und endlich ward in der Thronrede vom 18. November 1867 aufs feierlichste der Form wie dem Inhalt nach verkündet, daß die richtige Politik in der Anerkennung der deutschen Nationalbestrebungen liege. Die betreffenden Worte des Kaisers lauten: „Wir müssen vorbehaltlos (il faut accepter franchement) die Veränderungen acceptiren, welche jenseit des Rheins vor sich gegangen sind; aussprechen daß, so lange unsere Interessen und unsere Würde nicht bedroht sind, wir uns nicht in die Umgestaltungen einmengen, welche auf Grund der Wünsche der Bevölkerungen sich vollziehen." Dieser Schlußvorbehalt kehrt freilich beinahe regelmäßig wieder; aber wer wollte es einem praktischen Politiker, und gar einem Virtuosen der Schaukelmethode, wer wollte es ihm der argwöhnischen öffentlichen Meinung gegenüber verargen, daß er für alle Fälle eine solche vieldeutige Salvirungsclausel anhängt? Und wie vorsichtig tritt er bei dem luxemburgischen Handel auf. Officiell gelogen wie dießmal wurde damals allerdings ebenfalls, und ebenso derb. Wer erinnert sich nicht, daß Rouher der Kammer erklärt hatte, die Initiative sei von holländischer Seite ausgegangen, Frankreich sei nur „gefolgt (qu'ils n'ont que suivi)," worauf der holländische Minister des Auswärtigen, von Schimmelpenninck, in der öffentlichen Kammersitzung der französischen Erklärung ein authentisches Falschheitszeugniß gab, documentirend, daß, wie auch von anderer Seite unläugbar erwiesen, die ganze Sache von Paris aus angesponnen und ihm zugebracht worden war.

Bei jenem Anlaß war in der That die Einverleibung des

Großherzogthums das Object des diplomatischen Feldzugs, und nicht der Krieg, deßhalb trat man ebenso sanft und gewinnend gegen Preußen auf, wie jüngst wild und verletzend, wobei man nicht die Beseitigung Hohenzollerns, sondern den Krieg zum Object hatte. Statt in der Kammer mit einem Rachegeschrei zu debütiren, schob man damals jedes Aussprechen möglichst lange hinaus, und wenn man gar nicht mehr anders konnte, bewegte man sich nur auf den Fußspitzen. Der Minister des Auswärtigen, Marquis de Moustier, beschwor die Kammer, nicht zu sehr in ihn zu bringen, man müsse die wohlbegründete Empfindlichkeit Preußens schonen: „Il faut ménager les justes susceptibilités de la Prusse;" darum auch wendete man sich an Europa, ließ eine Conferenz berufen, und suchte in den liebkosendsten Reden Preußen zum Nachgeben zu bestimmen: „Wir glaubten, das Berliner Cabinet", heißt es in der Hauptdepesche, „würde, indem es mit freundlicher Geneigtheit die Thatsache der Vereinigung des Großherzogthums mit Frankreich hinnähme, einen Act geschickter Politik begehen, und mit Vergnügen uns eine moralische und materielle Genugthuung bereiten, aus welcher der europäische Friede ein neues Unterpfand der Sicherheit gewänne." So spricht, wer die Sache, nicht den Streit um dieselbe im Auge hat. Das war noch die Zeit, in welcher der Kaiser, seiner alten Einsicht getreu, den Krieg mit Deutschland fürchtete und in Rouher die Stütze seiner eigenen Eingebung neben sich hatte.

Und wie am Kaiser, so läßt sich an jedem einzelnen in diesem Krieg auftauchenden französischen Politiker nachweisen, daß er stets gegen denselben protestirt und dennoch ihn heraufbeschworen hat; daß er ihn unbewußt schürte und bewußt verabscheute, vor sich selbst ihn zugleich wollte und nicht wollte. Mitten in die anerkennenden Reden für Preußen fällt die berüchtigte Rede von Auxerre,

in welcher Napoleon plötzlich an die Invasion von 1814, an die
unheilvollen Verträge von 1815 erinnert, an den nationalen Erb‍-
haß der Bauern appellirt. Wie die von Rouher richtig geschilderte
öffentliche Meinung war jeder Einzelne der Gegenstand zweier verschie‍-
dener Strömungen seines eigenen Empfindens und Denkens. Der
natürliche Impuls war der Krieg gegen Deutschland, die Ueber‍-
legung dictirte den Frieden, und zuletzt unterlag sie. Wie ist es
doch merkwürdig, daß die beiden Männer, welche nacheinander zu
Waffenstillstands- und Friedensunterhandlungen ins deutsche Lager
kamen, gerade diejenigen sind, welche am unabläßigsten und un‍-
versöhnlichsten dem kaiserlichen Regiment seine Nichtintervention
nach Sadowa vorgeworfen haben! Man schlage die Kammerver‍-
handlungen des gesetzgebenden Körpers von 1866—70 nach. Jedesmal
wenn die auswärtige Politik zur Sprache kommt, springen uns die
Namen Thiers und Favre in die Augen. Beide, wenn auch im
Innern verschiedenen Lagern angehörig, predigten Deutschland ge‍-
genüber dieselbe Lehre: die Einigung dieser Nation wäre ein Un‍-
glück für Frankreich und deßhalb für die Welt. Kaum daß sie es
für nöthig hielten die Einigung unter Preußens Auspicien für einen
erschwerenden Umstand zu erklären. Schon die Sache an sich, un‍-
abhängig von den Gefahren, welche aus der Natur des kriegerischen
Staates, wie sie ihn sich vorstellen, entspringen, ist eine Calamität.
Sie schwärmen, in unsere Seelen hinein, wohlverstanden nicht für
ihr Land, für „Föderalismus." Die kleinen Staaten sind so glück‍-
lich und solch ein Glück für Europa! Wie gönnen sie uns und
andern diese Idylle rund um das eine und untheilbare Frankreich
her. Mit Recht beruft sich Jules Favre irgendwo darauf, daß
schon Cavaignac's Republik im Jahr 1848 nichts von der Unifi‍-
cation Deutschlands habe wissen, nie sich zur Anerkennung der
Frankfurter Regierung habe herbeilassen wollen. Mit Italien

machten sie es bekanntlich gerade so. Wie es Pflicht der Römer war päpstlich, so Pflicht der Deutschen nassauisch zu bleiben.

Nach den Ereignissen von 1866 hatte die kaiserliche Regierung möglichst lange mit der Berufung des gesetzgebenden Körpers gezögert. Erst 1867 versammelte sie ihn wieder. Bald nach der Eröffnung setzte die Linke die Interpellation wegen der auswärtigen Politik durch; Thiers, der Geharnischte, der Schrecken der Ministerbank, das Entzücken der händereibenden Zuhörer, führte den Reigen. Er spann eine jener zweitägigen Reden ab, die ein anderes als dieses autoritätsgläubige und für die Form schwärmende Publikum nicht aushalten würde. Jede Rede ist ein Buch mit langer, langer Einleitung, mit Haupt= und Unterabtheilungen. Glaubwürdige Zeugen erzählen, Thiers bereite eine solche Rede wochenlang vor, und um sich ihres Besitzes und ihrer Wirkung zu versichern, halte er sie einzelnen Freunden in der Stille des Cabinets der ganzen Länge nach. Sie heben gewöhnlich mit weitschweifigen philoso= phischen oder historischen Introductionen an. Wer öfter in der Lage ist die Annalen der französischen Kammern nachzuschlagen, hat gewiß die Erfahrung gemacht, daß es außerordentlich zeitraubend ist, sich über den Gegenstand der Verhandlungen aus dem Text der Vorträge zu orientiren. Wo immer man einen Redner packt, muß man halbe Spalten lang fortlesen, ehe man nur entdeckt, wovon eigentlich die Rede sei; so sehr bewegt sich der Gedanke in allgemeinen akademischen Betrachtungen und Abschweifungen. Unsere Parlamente, ebenso wie die englischen, würden dergleichen lange Gespinnste nimmer ertragen. Thiers spricht 5—6 Stunden, ohne sich eine Pause von fünf Minuten zu erlauben, und da er nichts= destoweniger hiebei oft nicht zu Ende kommt, so fährt er am folgenden Tage munter fort.

Solch ein Opus, von welchem Frankreich dann je nach Um=

ständen drei bis acht Tage zu sprechen pflegt, wurde denn auch am 14. März 1867 gegen Preußens Uebergriffe, gegen die deutsche Einheit, gegen des Kaisers Mitverschuldung herangewälzt. Es hebt, wenn nicht weiter rückwärts, jedenfalls mit der Geschichte Karls V. an, und hat vielleicht Herrn Ollivier und dem Herzog v. Gramont als gelehrte Quelle für das Kriegsgeschrei gedient. Von Karl V. kommen wir auf vielgewundenen Pfaden zum westfälischen Frieden. Ah, la belle chose! Ehre diesem großen Werke des Heils, es war bis 1866 die Grundlage und das Glücksfundament des europäischen Friedens. „Es hat," sagte Thiers wörtlich, „die Freiheit Europa's gegründet, die Unabhängigkeit der kleinen deutschen Staaten, den Ruhm Frankreichs. Dank diesem Frieden steht (er bedient sich der drastischen Wirkung halber an dieser Stelle der Präsentialform), Europa befreit da, befreit durch Frankreich, und Frankreich selbst ist bedeckt mit Ruhm." Auch der Utrechter Friede, zu dem wir dann gelangen, hat noch einmal Großes geleistet durch die Erhaltung der kleinen deutschen Staaten, immer hat Frankreich sie unterstützt. Aber mit dem Consulat beginnt die Reihe der Fehler. Damals bereits fing leider Frankreich an, eine Menge deutscher Staaten zu unterdrücken. Schade, daß man nicht, wie eigentlich zu Deutschland und der Welt Glück erforderlich gewesen, die 300 Herrschaften jener Zeit bis auf den heutigen Tag erhalten. Wenigstens, fährt Thiers fort, hätte man dabei jetzt stehen bleiben sollen. Aber seitdem häufte man Fehler auf Fehler. 1815 ließ Frankreich die andern sich vergrößern, ohne selbst zu wachsen; 1864 gestattete es, — über diesen Verstoß sind alle Parteien einig — daß Schleswig-Holstein Dänemark entrissen wurde, und nun gar 1866! Es war Pflicht der französischen Regierung, die Vergrößerung Preußens und die Bildung des Nordbundes zu verhindern. Sie mußte es verbieten und hatte ein Recht dazu als

Garantin der Wiener Verträge, als Mitcontrahentin. Sie durfte
den Angriff Preußens gegen Oesterreich nicht erlauben. „Wenn
ihr damals von der Kammer Geld verlangt hättet, um zu mar=
schiren, so würde sie es euch mit Begeisterung (avec élan) bewil=
ligt haben." — „Gewiß!" ruft Hr. Büffet, der spätere Premier
der neuen liberalen Aera, der gemäßigte Orleanist, das Haupt des
Aufklärungs= und Friedensministeriums. Und darum will auch
Thiers jetzt nichts von Entwaffnung reden hören, denn kann auch
Frankreich leider nicht mehr ungeschehen machen, was er die Un=
glücksschläge des letzten Jahres nennt, so „muß es doch Halt ge=
bieten." Den Zollverein, sagt er weiter, konnten wir nun einmal
nicht hindern, aber die Einheit Deutschlands zu hindern waren
wir berechtigt, denn das Föderativsystem war verbürgt durch die
europäischen Staaten. „Krieg", heißt es zum Schluß (das ist
stets eine der Finten dieser zweischneibigen Opposition), „Krieg
dürfen wir jetzt nicht mehr anfangen, jeder Krieg würde nur die
Einheit in Deutschland fördern; unser Grundsatz muß sein: nichts
nehmen und nichts nehmen lassen."

Und am Ende desselben Jahres, in der Wintersitzung von
1867 auf 1868, bei einer abermaligen Interpellation wegen der
italienischen und der deutschen Angelegenheiten, kehrt Thiers mit
derselben Rede, nur in noch heftigerer Form, wieder: „Wir müssen
protestiren", ruft er, „gegen diese Regierung (die preußische), welche
ihre Hand nach Kronen ausstreckt; wir müssen protestiren gegen
das ganze Princip der Nationalitäten; nichts jammervolleres (rien
de plus déplorable) als die Nationalitäten (natürlich außer der
französischen)." Frankreichs Aufgabe ist, die Kleinstaaten zu unter=
stützen. „Und wenn man euch zuruft", donnert er hervor, „daß
ihr im Innern Deutschlands alles geschehen lassen müßt, daß ihr
nur um diesen Preis den Frieden erhalten könnt, ist das eine

Frankreichs würdige Stellung?" Ungeheurer Beifallserguß von allen Seiten. In der folgenden Session finden wir Thiers wie immer mit denselben Ansichten bei der Berathung des Kriegsbudgets wieder. „Man hat Deutschland seine Einheit machen lassen", sagt er; „was mich betrifft, bin ich darüber untröstlich (j'en suis inconsolable), ich empfinde um meines Landes willen darob einen tiefen Schmerz."

So stand der höchsten, unabwendbaren, allgemein anerkannten Aufgabe der deutschen Nation der Mann gegenüber, welcher Ende Octobers 1870 in ganz Frankreich als der bestgeeignete auserlesen ward, um versöhnend und vermittelnd zu unterhandeln zwischen seinem Land und dem deutschen Lager, in welchem eben das Fundament der deutschen Einheit gelegt wurde. Wenn um 4 Uhr Hr. Thiers den Bundeskanzler verließ, so trat eine Viertelstunde später der Minister von Baden oder Württemberg ein, um in demselben Gemach, auf demselben Sessel, in dem eben Hr. Thiers plädirt hatte, die Paragraphen der deutschen Bundesacte zu besprechen, welche der französische Unterhändler als ein Unglück für seine Nation, als einen Nagel zu seinem Sarge hingestellt hatte. Und das war noch der einsichtsvollste, neutralste, räsonnabelste Staatsmann, welchen die Regierung der Nationalvertheidigung aufzutreiben vermochte. Kann etwas bezeichnender sein für die Stellung der beiden Nationen gegen einander, kann uns etwas unwiderleglicher zeigen, daß bei dem gebieterischen Einheitsdrang unsrerseits und der verblendeten Gegnerschaft andrerseits dieser Zusammenstoß unvermeidlich war?

Vervollständigen wir uns das Bild, indem wir auch in die Acten des ersten Friedensunterhändlers zurückgreifen. Am 31. Oct. war Hr. Thiers in Versailles erschienen, etwa sechs Wochen früher Jules Favre in Ferrieres. Jener das Haupt der orleanistischen Partei, dieser das Haupt der gemäßigt republicanischen; beide zusammen also der vollkommenste Gesammtausdruck der gebildeten, maßgebenden Mittelclassen bis in ihre höchsten Schichten hinein, beide als die natürlichen Stützen der Situation vorangestellt, Thiers für die auswärtige Diplomatie, Favre für die Politik nach innen. Wie Thiers dachte und sprach, wissen wir; hören wir jetzt Jules Favre. Ebenso regelmäßig wie Thiers begegnen wir ihm überall, wo es eine Gelegenheit gibt, der seit 1866 im Werke begriffenen Gestaltung Deutschlands entgegenzutreten, beinahe jedesmal folgt er Thiers auf der Tribüne, um aus einer andern Tonart dieselbe Melodie aufzuspielen. Auch er rühmt sich stets, daß er bereits 1864 zu Gunsten Dänemarks gegen Deutschland aufgetreten sei. Die deutschen Kleinstaaten sind auch ihm, ihm noch viel mehr, dem großen Tribunen, die Stammsitze der höchsten Freiheit. Fürchterlich schildert er am 14. März 1867 die Action Preußens in 1866. „Da wendet sich Preußen (nachdem es in den Herzogthümern gesiegt) gegen Deutschland, und mit seinem erfolgreichem Schwerte stürzt es nicht bloß die Throne um (wie verbrecherisch in Favre's Augen!), sondern es zerreißt auch die Constitutionen der Staaten, spannt die unterworfenen Nationen (im Plural les nations subjuguées, die Nation der Nassauer und die Nation der Oberhessen) an seinen Triumphwagen, führt die Volksphantasie auf Irrwege, predigt die deutsche Einheit, um in Wahrheit die preußische Einheit zu machen." (Sehr gut, sehr gut! auf Seiten der Linken.) „Vergeblich", fährt der heutige Minister der Republik fort, „vergeblich protestirt der alte König von Hannover in beredten Worten!" Niemand, heißt es weiter, kann schmerzlicher als ich den Stoß empfinden, den uns der Sieg von Sadowa beigebracht hat, „personne ne peut sentir plus cruellement l'atteinte de la victoire de Sadowa." Wenn damals die Regierung, sagt er gleich Thiers, Geld verlangt hätte, so hätte die Kammer ihr Hülfsquellen bewilligt zur Vertheidigung aller Rechtsansprüche, welche unserer auswärtigen Politik zukommen. Deutschland ist für das Föderativsystem wie gemacht; es zieht große Vortheile daraus, besonders aber den, seinen Nachbarn nicht unbequem zu sein. Hören wir seinen Schluß: „Wir haben nur ein Mittel, um, sofern es überhaupt möglich ist zur Wiederauflösung dessen zu kommen, was man fälschlich die deutsche Einheit nennt und das ich die preußische Einheit nenne, wir haben nur ein einziges Mittel, sage ich: wir müssen uns zu Mitschuldigen (complices) der Feinde dieser Einheit machen. Und die Feinde dieser Einheit, das sind die Völker, welche hingeopfert worden sind, es sind die Könige, deren Gebiet man mit feindlicher Gewalt überzogen hat!" Das alles ist stärker, als was wir von Thiers, dem Historiker des Kaiserreichs, dem Altliberalen, anführen können. Ein Gleiches gilt von dem folgenden Passus aus den Budgetverhandlungen desselben Jahres (1867): „Ja", ruft Favre, „wir haben uns gedemüthigt vor dem Sieger von Sadowa. Diese Schlacht hatte so eben mit der Schärfe des Schwertes alle Fragen durchschnitten, Frankreich war tief ergriffen von diesen Ereignissen, an welchen sich zu betheiligen ihm nicht gestattet gewesen war; es that sicherlich seinen kriegerischen Instincten Gewalt an, seiner heroischen Natur, die zugleich voll Edelmuths ist und es in die Stimmung versetzen mußte, nur mit größter Ungeduld zu ertragen, daß es eben an diesen Ereignissen nicht theilgenommen hatte (man merke im Vorübergehen dieses Geständniß); aber es begriff sehr wohl, daß theilweise jener Friede (von Prag) gegen es gerichtet war und seine Sicherheit gefährden konnte, und damals, sagte ich, ergreift der Minister die Feder, um Frankreich zu beruhigen." Hier citirt er nun die bereits oben mitgetheilte Stelle aus Lavalette's Brief. Allerdings, auch Favre versäumt nie hinzuzusetzen: um

Gotteswillen fangen wir jetzt keinen Krieg gegen Deutschland an, er könnte nur um so mehr die Deutschen zur Einheit antreiben. Diese Wendung war natürlich von der einfachsten Parteiklugheit geboten. Selbst wenn sie den Krieg wünschten, mußten sie ihre Polemik so einrichten, daß sie ihn zu verabscheuen schienen, daß er aber mittelbar aus ihrer Operationsweise hervorging. Wünschten sie den Krieg? Jedenfalls sind wir berechtigt zu erwiedern: Ja, sie wünschten den Krieg. Sie wünschten ihn, weil alles zeigt, daß auch sie durch und durch vom französischen Volksgeist eingenommen sind, weil wir ihr eignes Zeugniß dafür haben, daß dieser Volksgeist längst nur mit der größten Gewalt vom Kriege zurückgehalten wurde; sie wünschten ihn, weil bei dem unausrottbaren Glauben an die Unüberwindlichkeit ihrer Waffen sie im Kriege das natürliche und einzige Mittel sahen, um das, was sie als ein ungeheures Nationalunglück betrachteten, wieder auszutilgen; sie mußten den Krieg wünschen, weil ihr eigenthümlicher Patriotismus mit lauter Stimme ihnen zurief, wie sie hundertmal feierlich auf der Tribune versichert haben, daß Preußens Werk zertrümmert werden müsse im Interesse Frankreichs. Vor allem aber — und das ist die Hauptsache, darauf allein kommt es uns an, indem wir den Theil der Verantwortlichkeit der liberalen, gebildeten Mittelclassen am gegenwärtigen Kriege festzustellen suchen — vor allem mußten die, welche in der oben geschilderten Weise mit allen Kunstmitteln ihrer angebeteten Eloquenz vor dem versammelten Frankreich sprachen, vor allem mußten sie **die Wirkung dieser ihrer Reden berechnen können und berechnet haben.**

Gegen diesen Einwurf gibt es gar keine stichhaltige Aus= noch Einrede. Hingestellt einerseits zwischen eine Regierung, die als den härtesten Vorwurf empfinden mußte, die Stellung Frankreichs auf dem Festlande heruntergebracht zu haben — denn das Gegen=

theil war ihr Adelsbrief — und andererseits eine Nation, welche,
wie alle Zeugnisse sagen, ihrem kriegerischen und empfindlichen
Temperament nur mit der äußersten Verstandesanstrengung nach
der Schlacht von Sadowa Ruhe auferlegte; hingestellt zwischen eine
Regierung, welche zwei siegreiche Feldzüge hinter sich hatte, und
eine Nation, die sich überhaupt für unüberwindlich hielt, wie
konnten da die Redner der Opposition von ihren brennendsten Vor=
würfen, von ihren Denunciationen, von ihrem Wehklagen, daß der
Norddeutsche Bund ein unberechenbares Unglück für Frankreich sei
— wie konnten sie, sage ich, etwas anderes erwarten als daß
Regierung und Nation Hand in Hand dem Kriege zustürzen müßten?
Ein Jahr nach den eben geschilderten Reden konnte Thiers, wie
immer die Gelegenheit benutzend, im April 1869, wenige Tage
vor Auflösung der Kammer, angesichts der neuen Wahlen, dem
Minister Lavalette, welcher die Gestaltung der deutschen Dinge als
eine natürliche und unaufhaltsame Entwicklung dargestellt hatte, von
neuem darob den Fehdehandschuh hinwerfen: „Wir haben euch
1866 angefleht, den in Deutschland sich entwickelnden Ereignissen
Halt zu gebieten. Ihr konntet sie aufhalten mit einem einzigen
Wort. Wie sehr wir auch in euch drangen, ihr thatet's nicht.
Wir können also auch um unserer Ehre und um unserer Verant=
wortlichkeit willen euch nicht erlauben zu sagen, daß ihr nicht die
seid, welche den gegenwärtigen Stand der Dinge in Deutschland
geschaffen. Ich antworte: **ihr habt ihn geschaffen!**"

Wenn in solcher entscheidenden Stunde, aus so maßgebendem
Munde, dieser Vorwurf der Regierung gemacht wird, der Regie=
rung eines solchen Volkes, müßte sie nicht von Holz und Stein
sein, wenn ihr ganzes Sinnen und Trachten auf etwas anderes
ginge als diese furchtbaren Fehler wieder gut zu machen? Und
auf welche andere Weise als durch einen Krieg? Wahrlich, so

kurzsichtig können wir uns weder Thiers, noch sonst ein Mitglied der Opposition denken, nicht die unausbleibliche Folge solcher Angriffe mit Bestimmtheit vorauszusehen. Und wenn sie sich schmeicheln konnten, daß die Regierung diesen ewig bohrenden, brennenden, hetzenden Recriminationen widerstehen, daß sie fallen würde, — denn das war ja ihr Hauptzweck — weil sie in Deutschland hatte geschehen lassen, würde die nach diesem Sturz kommende Regierung nicht eben deshalb das Kriegsprogramm gegen Deutschland haben aufnehmen müssen? Aber sie wußten es nur zu gut, die bonapartistische Regierung würde nicht fallen, ohne das letzte Reinigungsmittel gegen ihre Vorwürfe ergriffen zu haben; sie wußten, daß, je erfolgreicher ihre Angriffe waren, sie desto gewisser den Kaiser in den Krieg trieben; und was dabei trotz aller theoretischen Friedensliebe und trotz öffentlicher Moralpredigten in ihrem Innern spielte, das war bei den einen die stille Hoffnung, daß der Krieg das Empire stürzen werde (s. u. a. Gambetta), bei den andern die eigene geheime Lust am Krieg, der eigene Haß gegen Preußen, die Antipathie gegen Deutschlands wachsende Größe. Alle diese unverkennbar in ihrer Brust arbeitenden Triebe befriedigten sie, indem sie die Regierung unter der Last ihrer Vorwürfe wegen der frühern Nichteinmischung erdrückten, Frankreich tagtäglich das hereingebrochene und noch bevorstehende Unheil vor Augen hielten, und dabei sich gleichwohl noch mit der Rolle der Friedensfreunde bedachten, sich der Verantwortlichkeit ihrer Urheberschaft entzogen, indem sie jedesmal am Schluß ihrer Tiraden ausriefen: „Aber jetzt ist's zu spät, jetzt um Gotteswillen keinen Krieg, Friede, Friede, Friede!"

Wer zweifeln wollte, daß gerade die äußerste radicale Partei selbst den Krieg nicht scheute als ein Mittel zu ihrem souveränen Zweck, dem Sturze des Kaisers, der frage die Leute, welche den 4. September 1870 in Paris miterlebt haben. Paris schwamm

in einem Freudenmeer; keiner, der es nicht gewußt, hätte je von
fern errathen, daß diese Stadt soeben die Niederlage und Gefangen=
nahme ihres schönsten Heeres, ihres einstigen Stolzes vernommen
hatte. Nein, es war eine Siegesfeier. Triumph und Freude auf
allen Gesichtern, Frohlocken und Händedrücken bei allen Begeg=
nungen. Der Verhaßte war gestürzt, die Adler wurden abgerissen,
die Anfangsbuchstaben N und E an allen Thüren ausgekratzt; der
unaufhaltsame, unreflectirte Ausbruch gerade dieses Gefühls war so
mächtig, daß das, was sonst für diese Menschen — und für wen
nicht? — das furchtbarste gewesen wäre, im Taumel der ersten
Befriedigung vergessen, und ohne Ueberlegung der innersten eigenen
Natur gefröhnt wurde. Wer will uns da noch weismachen, daß
diejenigen Unversöhnlichen, welche Napoleon die Erniedrigung
Frankreichs vorgeworfen hatten, den Krieg nicht wollten?

Im vorletzten Augenblick, wohl fühlend, welchen ungeheuern
moralischen Antheil sie an dem europäischen Unglück hatten, in
Gegenwart des furchtbaren Geschicks, die Möglichkeit der schrecklichen
Zukunft entfernt ahnend, im Augenblicke, da das Spiel gelungen
war, das sie so lange gespielt, zwang sie das böse Gewissen und
rieth ihnen die Lebensklugheit, noch schnell einmal ihre Hände in
Unschuld zu waschen. Herr Thiers bestieg die Tribüne und sprach
erschütternde, warnende, muthige Kassandra=Worte gegen den Krieg.
Er wußte, daß er ihn nicht mehr aufhielt; er wußte, daß er un=
widerruflich beschlossen war, daß die ganze Kaiserpartei, und alles
was in ihrem Schlepptau hing, durch seinen Widerspruch nur noch
mehr würde angestachelt werden. Wenn auch der thörichte Pöbel
ohne Zweifel von einigen December=Männern geführt, Abends vor
sein Hotel zog und dem „Prussien" drohte*), so kann in den Augen

---

*) Ein Beweis mehr, wie der Geist der Commune schon in den patrioti=
schen Schaaren steckte! Als sie die Herren von Paris wurden, beeilten sie sich,

der geschichtlichen Kritik dadurch die Verantwortlichkeit des Hauptanstifters nicht ausgewischt werden. Nicht alle von der Linken hatten, wie J. Favre, die Klage wegen des Jahres 1866 zur Hauptgrundlage ihrer Angriffe gegen die Regierung gemacht; nicht alle hatten, wie Jules Ferry, in ihr Wahlprogramm die Feindschaft gegen Preußen aufgenommen; die wenigsten gingen, wie Guyot de Montpeyroux, bei der Hohenzollern'schen Candidatur mit dem Ministerium. Doch alle unterzeichneten seiner Zeit das Wahlmanifest, in welchem Sadowa als das neue Waterloo denuncirt war, und die beiden Hauptagitatoren der bald folgenden Republik begrüßten den Krieg mit Freuden, Gambetta nämlich und Kératry. Der letztere war es, welcher die blödsinnige Zeitungsente von Badens Sprenggeschossen mit Wolluft aufnahm, um daraus ein Piedestal für seinen Patriotismus zu bauen; ihm verdanken wir jene denkwürdige Erklärung an Baden, welche auf eine solche kindische Erfindung sofort, ohne zu zaudern, amtlich die Schändung der Frauen und Töchter insinuirte. Und das einem Lande gegenüber, mit welchem Frankreich wie mit keinem andern hätte eng vertraut sein müssen, dem nächsten Grenznachbar, dessen Dynastie, mit der kaiserlichen verwandt, noch dem entsprechende Beziehungen unterhielt; dessen Bevölkerung, wenn irgend eine, den Franzosen bekannt sein mußte, an Sanftmuth und Cultur aber ihres Gleichen sucht.

Wie Thiers und Favre, die beiden Friedensunterhändler, zu den Haupturhebern des Kriegs gehörten, so charakterisirten sich zwei Führer der nachmaligen Republik als dessen eifrigste Anhänger. Kératry leitete die barbarische Austreibung der Deutschen und Gambetta ward der patentirte Erfinder aller Gräuel und Barbareien,

---

dasselbe Thiers'sche Haus zu zerstören, auf welches sie zehn Monate zuvor einen Angriff gemacht, grade wie sie auch die gegen den Schwarzwald gerichteten Petroleumsvisionen an den Tuilerien und dem Stadthause verwirklichten.

die dem deutschen Heere angedichtet wurden. Gambetta erließ nach
v. d. Tanns wohlberathenem und heldenmüthigem Rückzuge von
Orleans jenen Tagesbefehl, worin die deutschen Truppen beinahe
als feig fliehend und jedenfalls den Franzosen an Tapferkeit weit
nachstehend geschildert werden. Gambetta verordnete, daß in den
Taschen der deutschen Officiere nach gestohlenen Kostbarkeiten ge=
sucht werde. Wenn es so mit der Blüthe der Freigesinnten und
politisch Gebildeten stand, wie mußte die Masse beschaffen sein?
Zur Antwort auf diese Frage haben wir einen untrüglichen Weg.
Wir alle haben staunend miterlebt, wie diese Massen auch nach
den furchtbarsten Niederlagen nicht an ihre Besiegbarkeit glauben
konnten; wie Unwissenheit, Dünkel und Fabelsucht alle Erfahrungen
bis zu den bittersten sofort im Volksinstinct zu Erscheinungen um=
bildeten, welche mit dem unentbehrlichen Glauben an die eigene
Ueberlegenheit sich wieder vereinigen ließen. Wo gar nichts anderes
helfen wollte, mußte es der Verrath thun. Einfach der Schwächere
zu sein an Tapferkeit oder Geschicklichkeit — dieser Gedanke hat
noch bis auf diese Stunde in kein französisches Gehirn Eingang
gefunden. Ueberall, mit den geringsten Ausnahmen, waren die
Kämpfenden auf beiden Seiten in der ersten Periode des Kriegs
an Zahl einander gleich, und überall hieß es: Ihr Deutschen waret
fünf=, sieben=, zehnmal stärker als wir Franzosen. Wie oft hörten
wir das nicht von den Gefechten um Metz sagen, wo unsere Deut=
schen in so entsetzlicher Minderzahl mit einigen Divisionen eine
ganze Armee eine Zeit lang festhielten, und wo, wie die Zahl der
Gefangenen bei der Capitulation ergab, uns stets gleiche, wenn
nicht überlegene Massen gegenüber gestanden hatten.

Am Abend nach der Schlacht von Gravelotte, am 19. August,
sah ich die Gefangenen in Pont=à=Mousson einbringen. Man weiß,
welch ein heißes Ringen das war, wie unsere Truppen, namentlich

auch wieder die Reiterei, am 16. August das Unmenschliche an Tapferkeit geleistet hatten. Wir büßten an diesen drei Tagen, vom 14. bis 17. August, wohl über 30,000 Mann Todte und Verwundete ein. Während ich dem damals noch ungewohnten traurigen Schauspiel zusah, wie die Gefangenen bei einbrechender Dunkelheit in eine Kirche durch die enge Thür hineingedrängt wurden, unterhielt sich ein Deutscher neben mir mit einem der französischen Officiere. Ich mußte in mich hineinlächeln über die Naivetät, mit welcher mein deutscher Nachbar den Angeredeten fragte: was er von der Tapferkeit der deutschen Soldaten denke? Aber ich war doch noch mehr verblüfft von der unverschämten Antwort, die der Gefangene gab: „Wir können's nicht beurtheilen," sagte er, „ja, wenn wir nur einmal Eure Truppen in der Nähe zu sehen bekämen; aber sie wagen sich nie an uns heran, und schießen nur aus der Ferne."*) Und das nach jenen Schlachten, wo die Deutschen gerade durch die größere Tragweite des Chassepots am meisten gelitten, wo die Franzosen durch wohlgewählte und geschickt benützte Stellungen und Deckungen uns am meisten zu schaffen gemacht hatten.

Solche Aeußerungen sind nicht einzelne Zufälligkeiten. Sie liegen im Blute. Was jener alberne Officier am 19. August sagte, das wiederholten kürzlich zwei Jünger der Wissenschaft, französische Aerzte, welche constatirten, daß die Deutschen nie den Franzosen nahe genug kämen, um Hieb- oder Stichwunden beizubringen. Nein, sie hielten sich für unbesiegbar, groß und klein, für unvergleichlich viel tapferer und geschickter, als die Deutschen, und darum

---

*) Uebrigens bedeuten Trochu's Worte, in der Versailler Nationalversammlung im Monate Juni gesprochen, genau dasselbe: er habe vor Paris die Deutschen nie zum Infanteriegefecht bringen können, sonst hätte er sie sicherlich geschlagen.

ergriff die meisten, auch solche, die den Krieg von vornherein nicht wollten, sobald der Krieg einmal erklärt war, nur noch ein Gedanke: der an den bevorstehenden glänzenden Sieg! Die Reden, welche der sanfte, gewerbfleißige Präsident des gesetzgebenden Körpers, Herr Schneider, hielt, die Rede Rouhers, des Hauptes der Friedenspartei seit einem Jahrzehnt — alle diese Reden, die überflossen von Siegesgewißheit, sie waren nicht vom Servilismus eingegeben, sondern sie kamen aus dem Herzen. Die tausendzüngige Presse posaunte nur in gesteigertem Chorus was alle fühlten. Der Kaiser allein empfand eine dunkle Beklommenheit. Er antwortete denen, die von einer kurzen Promenade nach Berlin sprachen, mit der Wahrscheinlichkeit eines ernsten und langen Kriegs. Sie hörten's mit Unglauben. Auch hier war er vernünftiger und unterrichteter als die meisten seiner Unterthanen. Um aber in der That eine annähernde Vorstellung von dem Zustande der Geister in der ersten Woche nach der Kriegserklärung zu haben, muß man von Augenzeugen Einzelnheiten aus dem Privatleben hören; wie, mit seltenen Ausnahmen, die sonst ruhigsten und liberalsten Leute, Männer, Frauen und Kinder in lichter Kriegslohe entbrannt waren und im Vorgenuß der beginnenden Zerschmetterung Preußens schwelgten. Heute, wenn wir den Franzosen die von unglaublichem Uebermuth angeschwollenen Gasconaden ihrer Presse aus jener Zeit vorhalten, seufzen sie wohl und sagen: „Ja, jene schändlichen Journalisten, sie sind an allem Schuld."

Aber Jeder, dem es möglich ist, durch eigenes Entsinnen oder durch Nachforschen sich in das Schauspiel zurückzuversetzen, welches damals das Privatleben — wenigstens in Paris — darbot, ist durchdrungen von der Einsicht, daß die Zeitungen nur den Widerschein der thatsächlichen Empfindung der großen Mehrheit verstärkt wiedergaben. In den Familien, in den Schulen, in den geselligen

Vereinen, im Sprechzimmer der Professoren, natürlich in den öffentlichen Localen und auf den Straßen herrschte derselbe Geist. An dem glorreichen triumphalen Ausgang zweifeln war so viel als Vaterlandsverrath. Wer an einem Tisch äußerte, daß vielleicht die deutschen Truppen nicht so leicht zu schlagen seien, wurde mit Unwillen vertrieben.

Aus diesem Glauben an die nationale Unfehlbarkeit, aus dieser unausrottbaren Fatuität erfließen alle andern Ungeheuerlichkeiten, denen wir staunend zusehen, ohne sie mit unserm frühern Urtheil über dieses Volk vereinbaren zu können. Ist denn eine Nation, die wir so lange als verständig, skeptisch, menschlich kannten, im Handumdrehen thöricht, leichtgläubig, grausam geworden? Nicht das, aber der brennende Schmerz an der einen wunden Stelle hat sie in einen Paroxysmus versetzt, der alle andern Fähigkeiten aufhebt. Jeder aus der Zeit vor dem Krieg entnommene Beweis von der Mitschuld der Nation am Angriff gegen Deutschland ist entbehrlich. Das Verhalten von Volk und Führern seit dem Kriege spricht deutlicher als alles dafür, daß sie sich für unüberwindlich hielten, noch heute nicht an ihre Besiegbarkeit glauben können, und ein solches Volk trägt eben die Versuchung zum Angriff jahraus jahrein im Leibe. Wenn die Thiers, Favre, Gambetta den Krieg nicht gewollt hätten, ist ihre Schuld um so größer. Denn wie durften sie solch ein Volk mit ihrer Taktik und Beredtsamkeit stets an den Rand des Kriegs führen, und da angekommen seinem Instinct und der Einwirkung jener Parteien preisgeben, die aus übelberathenem Imperialismus seit Jahren zum Krieg trieben? „Mein Patriotismus glaubt an die natürlichen Grenzen," rief einmal Granier de Cassagnac im gesetzgebenden Körper, und als Favre eines Tages aussprach, daß er für Frankreich weder Belgien noch Luxemburg begehre, schrie derselbe Granier: „C'est une honte!"

Henri Didier schrie ihm nach: „C'est une infamie!" und Belmontet setzte den Trumpf darauf: „Vous n'êtes pas Français!"; der Präsident Graf Walewski sah sich genöthigt, um den Sturm zu bewältigen, Favre ins Gewissen zu reden: er sehe doch, daß er das Gefühl der Kammer verletze, und möge sich Zwang auferlegen. (Sitzung vom 14. März 1867.)

Noch wüthender als die conservativen Parteigänger des Kaisers waren die liberalisirenden. Das Unglaublichste leistete bekanntlich der famose Emile v. Girardin, der Journalist, der von allen Lebenden am besten verstand, des Pariser Publikums Aufmerksamkeit zu fesseln. Auch er predigte zeitweise Frieden, auch er spielte unter Umständen die sanfteste Hirtenflöte, auch er könnte ohne Zweifel, wie der Kaiser, wie Thiers, Favre und alle andern, Hunderte von Artikeln beibringen, in denen er dem reinsten Humanismus und der liebevollsten Nachbarschaft mit Deutschland das Wort geredet. Aber als mit dem Jahre 1869 die Bestimmbarkeit der kaiserlichen Entschlüsse aus dem schwankenden, erschlaffenden, tastenden Wesen des Imperators immer merkbarer geworden, als gleichzeitig der Glaube an die vollendeten Rüstungen immer mehr Nahrung aus dem Kriegsministerium bezog, hielt er den Moment für gekommen, das grobe Geschütz aufzufahren. Das Signal gab die mit jenen Angaben zusammenhängende Phrase der Thronrede vom 18. Januar 1869, welche den Stoff zu einer breiten Zeitungspolemik lieferte, und uns heute wie das Präludium zum Juli 1870 erscheint. Die Stelle der Thronrede lautet: „Das Wehrgesetz und die von Ihrem Patriotismus bewilligten Geldmittel haben dazu beigetragen, das Vertrauen des Landes zu befestigen und im gerechten Gefühl seines Stolzes hat dasselbe eine wahre Genugthuung empfunden an dem Tage, an welchem es wußte, daß es sattsam vorbereitet, um allen Eventualitäten ins Angesicht schauen zu können."

Diese Stelle umschrieb Girardin nun wie folgt: „Für Jeden, der lesen kann, bedeutet dieser Satz deutlich, daß die Fehler von 1866 wieder gut gemacht werden sollen bei der ersten günstigen Gelegenheit, die sich darbieten wird. Die Erhaltung des Friedens, ja wohl, aber mit Rückgabe unserer alten Grenzen von 1801, unserer natürlichen und nothwendigen Grenzen; ja wohl! mit der Theilung des Rheins in zwei gleiche Hälften: den Germanen das rechte Ufer, den Galliern das linke Ufer, Jedem das Seinige!" So redete der Mann, welcher auf der Liste stand, um am 15. August 1870 zur Anerkennung für seine dem Kaiserthum geleisteten Dienste in den Senat befördert zu werden, und welchem Olliviers Emporkommen zu einem beträchtlichen Theile zugeschrieben werden muß. Bald darauf brach der franco=belgische Eisenbahnstreit aus.

Nachdem das Manöver mit Luxemburg nur halb gelungen war, wurde in verjüngtem Maßstabe etwas Aehnliches mit Belgien versucht, natürlich nicht, ohne daß hier wie dort gewisse Finanzhebel von unten her die ersten Anstöße gegeben. Die belgische Kammer war jedoch nicht geneigt, die französischen Machenschaften stumm gehorsam einzuregistriren, und der darüber ausgebrochene Zornesanfall klagte, wie immer, Preußen als den geheimen Uebelthäter an. Das halbofficielle „Pays" gab damals folgenden Erguß zum Besten, welcher unter den Hunderttausenden seinesgleichen wohl als Muster aufbewahrt und namentlich jetzt wieder aufgefrischt zu werden verdient. „Zwanzig Jahre lang mußtet ihr geschlagen werden, o ihr Söhne der Besiegten von Jena, um endlich jenen Koloß zu erschöpfen, welcher Frankreich benannt wird. Habt ihr denn vergessen, daß der vielhundertjährige Haß gegen England sich verwandelt hat in den Haß gegen Preußen? 1815 und Waterloo tönen noch in unsern Ohren, und die Stunde der Rache wird mit Ungeduld erwartet. Wir kennen ihn — den Weg, der zu Euch hinführt. Wie leichtsinnig seid ihr doch, nicht zu begreifen, daß die kaiserliche Regierung seit drei Jahren alles Erdenkliche thut, um unsern patriotischen Unwillen zu bezähmen, bloß im Interesse des Friedens!" In diesem Bekenntniß war viel Wahrheit und Aufrichtigkeit enthalten. Bemerkenswerth ist nicht nur die Wendung, welche dem Kaiser das Verdienst zuschreibt, den Krieg bisher vermieden zu haben, sondern auch das Geständniß, daß an die Stelle des einen Hasses sofort ein anderer getreten war. Der Kaiser — und dies gehört zu seinen Verdiensten — hatte den bornirten Haß gegen England mit großer Anstrengung ausgetrieben, den Haß, welcher noch zu Ludwig Philipps Zeit in seiner grotesken Rohheit florirte, mit der Muttermilch eingesogen ward. Für dieses Bedürfniß irgendein Volk anzufeinden, mußte an Stelle des wegfallenden Englands ein anderes Objekt treten, und dieses Objekt bildete naturgemäß Deutschland, welches zur Geltung in Europa kam, während England sich in seine Privatwirthschaft zurückzog. Feindschaft ist natürlich hier nur eine Umschreibung für Eifersucht. Denn wie im Innern das französische Staatsleben sich stets um das Problem dreht, wie eine besiegte Partei die herrschende vom Ruder verdränge, so hat von allen Zeiten her es auswärtige Politik sich zur Aufgabe gemacht, den einflußreichsten Staat Europas offen oder heimlich anzufeinden. Es ist dasselbe Princip ruheloser Eifersucht, und zur Stunde schon kann man hören, wie mit Inbrunst gelobt wird, die künftige Generation im Haß gegen Deutschland großzuziehen. So auch folgten einander Legitimisten, Orleanisten und Bonapartisten im Erbhaß. Anlage zur Leidenschaft und Intrigue brauchen stets einen Gegenstand für das politische Getriebe nach innen und außen, welchem das öffentliche Leben nicht Mittel zum Zweck, sondern ein emotionsreiches Drama mit unterlaufender Posse ist. Jedem, der ans Ruder will, bietet sich die Ausbeutung dieser nationalen Eifersucht als das nächstliegende Mittel dar. Wie die Linke auf Sadowa herumreitet, so macht auch der Nebenbuhler Olliviers in der kaiserlichen Gunst die Angriffe auf Deutschland zu einer seiner Hauptoperationsbasen. Clément Duvernois, das jüngste Schooßkind der kaiserlichen Schwäche, war seiner Zeit in Algier ein Journalist der feuerrothen Republik und wegen Opposition gegen das Militärgouvernement ausgewiesen worden. In Paris tritt er in die Redaction der „Liberté" ein und schmeichelt sich so sehr in die Gunst des Regenten, daß er nach Olliviers Fall gerade noch vor Thorschluß den Friedensmarschallstab, den jeder Journalist im Ranzen trägt, ein Ministerportefeuille, erwischt. Auch dieser Clément Duvernois, der seinen geheimen Eintritt durch die Tapetenthür des kaiserlichen Cabinets hat, ist längst einer der Hauptkriegshetzer gewesen und hat sich namentlich in dem belgischen Conflict mit Angriffen und Verdächtigungen gegen Preußen hervorgethan.

Wenn die verschiedenen Schattirungen der Opposition das ihrige zur langjährigen Vorbereitung des Kriegs beigetragen haben, so darf eben nicht außer Augen gelassen werden, daß die nächste Umgebung der Tuilerien es war, welche die Fackel in den angehäuften Brennstoff geworfen hat. Zwischen der Erledigung des belgischen Eisenbahnstreits im Frühjahre 1869 bis zum Ausbruche des Krieges war gerade eine Zeit friedlicher Stimmung eingetreten, dergleichen seit 1866 nicht mehr dagewesen. Eben in jenem Frühjahre 1869 aber wollten zur Abwechslung wieder einmal die Regierungsblätter und der Senat bei Gelegenheit der Wahlen es mit der Kriegsfanfare versuchen. Als Michel Chevalier am 11. April im Senat bei Berathung des Kriegsbudgets bat, man möge doch nicht durch die Haltung dieses hohen Staatskörpers zum Krieg aufreizen, flogen ihm von allen Seiten Injurien an den Kopf, und er ward „Prussien" gescholten, wie seitdem Jeder, der Vernunft zeigte.

Segur rief ihm zu: „Das ist nicht zum Aushalten. Sie verletzen die patriotischen Instincte der Nation." Rouland, der Bankdirector, und der Marschall Vaillant stimmten ein. Die kriegerische Diversion mißlang dennoch, und die Verstärkung der Opposition drängte die kaiserlichen Ultras noch einmal in den Hintergrund. Jérôme David, der Führer der Hofjanitscharen, ein Mann von Verstand und Keckheit, früher erster Vicepräsident der Kammer, so lange der Kaiser noch die Vorsitzenden ernannte, kam mit knapper Noth bei der Wahl an der fünften Stelle durch. Solche Erlebnisse und die Besetzung einer Menge von Stellen mit den Freunden und Günstlingen des Ministeriums Ollivier-Daru brachten ohne Zweifel die combinirte Partei Jérôme David und Clément Duvernois zum Entschluß, einen neuen Versuch nach der kriegerischen Seite zu machen. Man hat immer die Frage nach den Ursachen des Ausbruchs so gestellt: War die Dynastie dermaßen bedroht, daß ihr gar keine andere Zuflucht blieb als dieser Sprung ins Dunkle? Die Frage, so gestellt, sucht die Antwort am falschen Orte. Die Dynastie war noch so schlimm nicht bedroht, und Napoleon hatte alle Aussicht, in den Tuilerien zu sterben. Aber bedroht war der Einfluß und das Aemtermonopol der bisherigen Hofpartei, seitdem die Orleanisten und Olliviers Freunde sich in die Stellen zu theilen anfingen. Man weiß, wie treu Letzterer sich an die beliebte Tradition anschloß.

Seine Umbra Maurice Richard setzte er nach einander an die Spitze verschiedener Ministerien, seine alten Cameraden zu Directoren ein, und den letzten Act seiner öffentlichen Laufbahn bezeichnete er damit, daß er, zum Gelächter von Paris, am Tage vor seinem Sturz, noch schnell seinen Zahnarzt mit der Ehrenlegion bedachte. So mancher jener schnell emporgeschossenen Günstlinge hat die kurz gemessenen Augenblicke, da die Fluth ihn emporhob,

benützt, um mit seinem Excellenztitel eine reiche Erbin an sich zu
fesseln. Solche auf diesem Boden durchschlagende Mittel forderten
den Widerstand der Benachtheiligten heraus. Nicht der Kaiser war
bedroht, die Kaiserlichen waren es. Als sie das Plebiscit, ihre
eigentliche Höllenmaschine, durchsetzten, war der Beweis noch nicht
erbracht, daß das liberale Empire nicht bestehen könne, aber ihr
eigene Partei war in die Enge getrieben, und sie sahen — um
auch ihnen den denkbaren Anspruch auf Ehrlichkeit nicht zu ver=
kürzen — ohne Zweifel im Zusammensturz ihrer persönlichen Macht=
stellung neben dem Thron das untrügliche Vorzeichen des stürzenden
Thrones selbst. Die Kaiserin konnte den Emporkömmling Ollivier
nicht ausstehen, welcher sich die Genüsse der officiellen Glorie noch
zu würzen suchte durch die Affectation, mit der er in den Hof=
cirkeln auch den Stolz des schlichten Bürgerlichen herauskehrte.
Um die Kaiserin schaarten sich die Unzufriedenen. Das Complott
des Plebiscits, so ganz gemacht, dem Kaiser zu gefallen, gelang.
Ollivier, statt sich mit Buffet, Daru und Talhouët abdrängen zu
lassen, blieb am Leim des Portefeuille's kleben, konnte sich nicht
trennen von der kaum erklommenen Stellung, gerieth unter die
Botmäßigkeit der Hofpartei und mußte das schmähliche Schicksal
erleben, daß er zum kopf= und willenlosen Werkzeug eines David
und Gramont herabsank, um für immer seinen Namen an die
gräßlichste That des Jahrhunderts zu fesseln, er, der emporgekommen
war als der Anwalt friedlicher Versöhnung zwischen Dynastie und
Fortschritt, zwischen Frankreich und Deutschland. Nie hatte der
Glanz äußerer Machtstellung einen talentvollen Menschen so jäh
geblendet und zum Abgrund geführt.

III.

Es heißt, der Krieg sei begonnen worden ohne genügende Vorbereitung, und Niemand erklärt sich das Räthsel, wieso gerade diejenige Voraussetzung, welche nothwendig jeder für die bestimmende Triebfeder zum französischen Angriff hielt, die endlich vollendete Kriegsbereitschaft nämlich, sich als nichtig erweisen konnte. Aber auch diese Frage braucht nur richtig gestellt zu werden, um ihre richtige Beantwortung zu finden. Es ist ein Irrthum, daß die Rüstungen nicht vollendet gewesen seien. Sie waren so weit gediehen, wie sie bei dem obwaltenden Schlendrian und Leichtsinn oben und unten überhaupt gedeihen konnten. Es war nicht die Zeit, die gefehlt hatte. Ein Jahr oder zwei später hätte man sich wahrscheinlich bei fortdauernden Kriegsabsichten nicht besser gerüstet befunden als im Juli 1870. Es waren gezogene Kanonen und Chassepots genug für die ganze Armee vorhanden, Mitrailleusen in großer Zahl, die Truppen, welche bei Ausbruch des Kriegs ins Feld rückten, und die wir nach Gefangenen und Todten auf wenigstens 500,000 Mann berechnen können, erreichten das Effectiv von allen früher für diesen Fall aufgestellten Ziffern, die für das erste Kriegsaufgebot nie mehr als 635,000 Mann auf dem Papier ergaben. Die Mobilgarde war nicht vorbereitet, weil der ganze Plan überhaupt ins Wasser gefallen und vor dem Massenaufgebot nie wieder zu beleben war. Nicht Mangel an Zeit, sondern Mangel an Ernst, Arbeit und Gewissenhaftigkeit in der Ausführung waren die organischen Gebrechen, an welchen die ganze Heeresleitung laborirte. Der frivole Leichtsinn, mit welchem die herrschenden Classen in den Krieg gingen, zog sich durch die Reihen aller Betheiligten, vom obersten Generalstabschef bis zum lumpigsten Börsenspeculanten, welcher in die Marseillaise mit einstimmte. Was

die preußische Kriegsführung so über die Maßen auszeichnet, das
ruhelose Verfolgen jeder Aufgabe bis in ihre geringste Einzelheit, das
Zuendedenken jedes Vorhabens bis in den letzten Stift der dazu
nöthigen Anstalten, das gewissenhafte Nachsehen und Selbstsorgen,
mit dem Hoch und Niedrig sich Tag und Nacht abquält, wobei
jeder nur auf sich zählt und darum so felsenfest auf den andern
zählen kann, mit einem Wort, das Mark und Bein durchdrin=
gende Pflichtgefühl war dort ungefähr in sein Gegentheil umge=
kehrt. Der Leichtsinn, die Lebsucht, die Unwissenheit und besonders
die Verachtung des Feindes im Bunde mit der Selbstverherrlichung
bettete Groß wie Klein auch bei halber Arbeit auf bequeme Ruhe=
polster. Der Kaiser, ein phlegmatischer, ermatteter Lebemann, ver=
ließ sich auf seinen Kriegsminister, dieser auf seine Bureauchefs und
so fort herab bis zum Unterintendanten jedes Regiments. Nicht
das Material fehlte, sondern die richtige Handhabung; nicht von
unten fehlte es, sondern von oben. Und auch dieser Umstand ver=
dient mit in Betracht gezogen zu werden, wenn die Frage nach
der Verantwortlichkeit für den Angriff gestellt wird. Aus allem,
was wir bereits gesammelt haben, wie aus dem, was wir noch
sammeln werden, ergibt sich nach und nach, daß es vorzugsweise
die oberen und mittleren Schichten der Gesellschaft waren, welche
das Unselige verschuldet haben. Nicht das Volk der Massen war
vom Wahn der nationalen Eifer= und Ruhmsucht ergriffen. Es folgte
nur mit seinen wüsten Umwälzungstrieben dem Impuls, der ihm von
oben gegeben wurde. Vor allen Dingen dem göttlichen Paris, d. i. den
geräuschvollen, schreienden, ruhmredigen, eitlen, emotionsbedürftigen
und tonangebenden Schaaren seines zeitungschreibenden und zeitung=
lesenden Publicums. Diese schlossen aus dem Auftreten der Regierung,
„man sei fertig, qu'on était prêt" wie die Formel lautete, und freuten
sich auf die großen Illuminationen, die siegreichen Einzüge der von

Berlin heimkehrenden Soldaten. Man braucht nur zu sehen, wie der Pariser während der Belagerung für jeden Rattenschwanz, den er in irgendeiner Mayonnaise verzehrt, die Bewunderung von ganz Europa auf sich zu ziehen überzeugt ist, um zu berechnen, daß diese Bevölkerung in ihrer Siegesgewißheit für den Krieg schwärmen mußte. Die Provincialstädte folgten Paris, und was der Bauer denken soll, muß erst der Präfect ihm sagen. Schwerlich wollten die stillen Provinzbewohner, noch weniger die Bauern, wirklich den Krieg, die letzteren schon nicht, weil sie damals noch allein die Blutsteuer zahlten, wie sie noch immer den gräßlichsten Theil der Kriegsleiden zu tragen haben. Obwohl man den Verkündigungen der September-Regierung mehr als denen der Kaiserlichen zu trauen durchaus keinen Grund hat, so könnte es doch wahr sein, daß die Präfecten, vor dem Krieg zu Rathe gezogen, nicht viel von kriegerischer Stimmung auf dem platten Lande zu berichten hatten. Nur das ist schwer glaublich, daß viele Präfecten den Muth gehabt haben sollten, ihrem Ministerium unerwünschte Antwort zu ertheilen. Die Telegramme aber, welche man in St. Cloud aufgefunden, sind wieder ein schlagender Beleg mehr zu dem ganzen Verhältniß zwischen Ursache und Wirkung. Wie immer die Präfecten vorher berichtet haben mochten, sowie der Krieg beschlossene Sache war, ertönten ihre Botschaften vom Wiederklang, welchen der Pariser Jubel in der Provinz wachrief. Mag auch ein Theil dieser Schilderungen von Augendienerei eingegeben sein, vieles davon ist wahr; man braucht nur die Erzählungen der Provincialblätter aus der zweiten Hälfte des Juli zu lesen, um festzustellen, daß in Bordeaux, Marseille und beinahe allen großen Städten theilweise die Triumphprocessionen von Paris überboten wurden. Die Provinz hatte keinen Krieg gewollt, aber sowie Paris nur den Impuls des Kaisers, so hatte die Provinz nur den Impuls von

Paris gebraucht, um den schlummernden Geist des Uebermuths zu entfesseln. Ollivier selbst ist das getreue Spiegelbild jener alles mit sich fortreißenden Fluth. Thatsächlich mit friedfertigen Absichten zur Macht gelangt, noch an dem Tage der Abdankung Hohenzollerns überzeugt, daß der Conflict vermieden sei, ergriff ihn, sobald er den bacchantischen Ausbruch von Paris und dessen Wirkung auf Frankreich gewahr ward, der allgemeine Taumel; auch er sah sich im Geiste schon auf irgendeinem hohen Balcon, umrauscht von Fahnen und Musik, seinen Theil am Ruhm und Verdienst der heimkehrenden Sieger ernten. Am 6. Juli schrieb er jenen in den kaiserlichen Papieren vorgefundenen Rapport, der, noch zwischen einem gewissen Bangen vor dem Friedensbruch und dem Vorgefühl der unwiderstehlichen Uebermacht der nationalen Kriegslust schwankend, schon ahnen läßt, auf welche Seite er fallen wird: „Die Gramont'sche Erklärung hat große Aufregung und ungeheuren Beifall hervorgerufen. Selbst die Linke, mit geringen Ausnahmen, hat sich für das Gouvernement erklärt. Die Bewegung drohte sogar im ersten Augenblick übers Ziel hinauszuschießen. Man konnte denken, es handle sich bereits um eine Kriegserklärung. Doch durfte ich nicht zugeben, daß man uns als mit Vorbedacht Krieg wollend ansehe. Auch im Publicum ist Aufregung, aber diese Aufregung ist edel und patriotisch. Ja, dies Volk hat das Herz auf dem rechten Fleck. Il y a du coeur dans ce peuple." Damals schon der Stromschnelle nahe, die ihn fortreißen sollte, wehrt er sich noch mit einem Arm. Zehn Tage später bethört, trunken wie alle, schreit er: „Mit leichtem Herzen gehen wir in diesen Krieg hinein!"

Die oberen und mittleren Schichten der Pariser Gesellschaft, obgleich ihrer Stellung und Bildung nach verantwortlicher, betrugen sich frivoler und leichtsinniger als das Volk. Wie Ollivier sich

darauf verließ, daß nicht er, sondern andere die Preußen schlagen
würden, so die ganze Gesellschaft, welche für sich vorerst den thea=
tralischen Theil des Geschäfts zurückbehielt, und in der Oper vor
den Bänken des Parterre's und den Sesseln der Logen sich von
den Damen Saß und Teresa die Marseillaise vorsingen ließ. Ge=
rade in der Armee war verhältnißmäßig der Glaube an den leich=
ten Sieg am wenigsten vertreten. General Trochu, zu seiner Ehre
sei es gesagt, war außer sich über die Kriegserklärung; er schrie
so zu sagen auf offener Straße: dieser Krieg sei ein wahnsinniges
Verbrechen. Und noch manche Stimme lautete bang und miß=
billigend in den Reihen der Officiere. Die Masse der Soldaten
war nicht begeistert bei ihrem Auszug. In den Straßen, nament=
lich an den Bahnhöfen, sah man sie matt und müde herumlungern
und lagern, und die Völlerei, welche seitdem eine so auffällige Er=
scheinung in den Reihen der Armee dieses sonst mäßigen Volkes
ward, zeigte sich von der ersten Stunde an. Karl Vogt ist nicht
verdächtig, den Franzosen zu nahe zu treten. Es scheint die ganze
Umwandlung, die Deutschland und die europäische Politik seit
1859, und namentlich seit 1866, durchgemacht, ist ihm über dem
Verkehr mit seinen Lacustervölkern und hinter deren Pfählen un=
bemerkt vorübergegangen; er redet zu uns aus dem Ideenkreise der
einstmals recht witzigen, aber jetzt gewiß veralteten „Thierstaaten"
heraus; und wir verstehen den nicht mehr, welchen die weltum=
wälzenden Ereignisse dazu begeistern, Fastnachtsknittelverse zum
Spott auf die deutschen Heere in den Bieler „Handelscourier" zu
dichten. Sein Zeugniß also, wenn es gegen die Franzosen geht,
ist classisch. Und auch er sagt uns, daß die Berichte über massen=
hafte Völlerei in ihrer Armee ihm von allen Seiten zu Ohren ge=
kommen. Auch mag er recht haben, wenn er dies als einen Be=
weis anführt, daß der gemeine Soldat nicht willig ins Feld zog.

Man mußte, meint er, denselben erst betrunken machen. Jedenfalls ist ihm in beiden Punkten beizustimmen, daß Völlerei und Kriegsunlust in diesen Reihen vielfach vorkamen, ob in dem Zusammenhang, den er angibt, stehe dahin. Ueberall in den östlichen Provinzen erzählen die Bewohner von dem maßlosen Saufen, dem sich der französische Troupier beim Auszug hingab, und zu dem ihn die wohlhabende Bevölkerung durch endlose Spenden stimulirte. Im Elsaß hört' ich aus unverdächtigem Munde, daß namentlich die Pfarrer sich an solchen berauschenden Liebesgaben überboten. Und auch in Paris ist durch mehrere strenge Tagesbefehle die Thatsache der rottenweise vorkommenden Betrunkenheit im Dienst constatirt.

In einem Artikel, überschrieben „Le Vin", enthielt die „Opinion nationale" vom 8. November einen Aufruf an die Nationalgarde, sich doch nicht zu betrinken, in den beweglichsten und zärtlichsten Redewendungen abgefaßt. Im December wurde eine Compagnie wegen Betrunkenheit der Officiere und Soldaten beim Ausmarsch aufgelöst.*)

Sonderbarer aber bezeichnender Weise war von dem Laster, dem sonst die Germanen so viel mehr ergeben sind, den ganzen Krieg hindurch im deutschen Heere nichts zu entdecken und zwar obgleich unsere vielfach nur an Bier oder höchstens an sauren weißen Wein gewöhnten Soldaten in das Land kamen, wo die Keller, angefüllt mit den edelsten Gewächsen aus Burgund und Bordelais, oft gewaltsam erbrochen werden mußten. Ich habe während meines Aufenthalts in Lothringen, im Elsaß, vor Paris, mit Ausnahme eines einzigen Mannes, niemals einen betrunkenen deutschen Soldaten gesehen. Und für die zweite Annahme, daß

---

*) Während der Herrschaft der Commune kehren von allen Seiten die Klagen über Völlerei wieder.

der gemeine Mann nicht mit Leib und Seele für den Kampf war, spricht der Gang des Feldzugs Anfangs August. Die Franzosen kämpften tapfer bei Weißenburg, Wörth, Spichern. Aber die Schnelligkeit, Auflösung und Unaufhaltsamkeit der Rückzüge bis Metz und Châlons waren ohne eine gewisse Demoralisation in den Massen nicht erklärlich, standen nicht im Verhältniß zu der erlittenen Einbuße und Verfolgung. Man versteht sie nur, wenn man von Augenzeugen die Beschreibung der Flucht nach dem Treffen bei Wörth vernimmt; wie die Regimenter in buntem Knäuel, den blassen Schrecken auf den Gesichtern, durch die Straßen von Hagenau sich zurückwälzten, und der Ruf: „Les Prussiens, les Prussiens!" wie flammende Geißelhiebe ihnen vor= und nachjagte.

IV.

Nichts ist bezeichnender für den Zustand von Gemüth und Verstand als das ewige Geschrei über Verrath. Nur nichts selbst verschuldet haben, immer ein Opfer suchen, das büßen muß für Unglück oder Schmach. So ging es von der ersten Stunde bis zur letzten. Die ersten Gefangenen, die ich am 8. August sah, schimpften über ihre Officiere bis hinauf zum General, und sagten sich verrathen. So ging es fort bis zu Bazaine, welchen Gambetta binnen acht Tagen als den Ruhmreichen und als den Verräther proklamirte; so war es noch zuletzt mit Trochu.*) Ein vor mir liegender Privatbrief aus Paris vom 29. Dec. ruft aus:

---

*) Und erst in der Commune!

„Ce sacristain de Trochu nous empêche de combattre." Drei Wochen früher war der Schreiber voller Bewunderung über denselben Trochu. Der Präfect von Lyon, der gelehrige Schüler des Kriegsministers, schämt sich nicht, die gräuelvolle Ermordung des Commandanten Arnaud in Lyon durch einen rasenden Haufen dem „fremden Geld" zuzuschreiben,*) und das erste Wort der von den Preußen über die Schweizer Grenze getriebenen Marseiller Rächerlegion an die entwaffnenden Milizen ist: „Nous sommes vendus." Derselbe Characterzug tritt sofort bei Ausbruch des Krieges den in Frankreich wohnenden Deutschen gegenüber auf. Sie waren natürlich die erste Zielscheibe dieses blöden Verrathsgeschreies. Um ähnliches aufzutreiben, müßte man in die finstersten Zeitalter zurückgreifen, in denen ein gefallenes Stück Vieh auf Schuld des bösen Auges einer Hexe geschoben ward und diese zum Scheiterhaufen führte, oder die Quelle einer ausbrechenden Pest in böswilligen Brunnenvergiftern gesucht wurde, die der Pöbel steinigte. Nur die grauenvolle Ermordung der Protestanten im Neapolitanischen als Urheber der Cholera weist in unsern Tagen auf ähnliche Gemüthszustände hin, wie sie aus den jüngsten Verfolgungen gegen die Deutschen in Frankreich hervorblicken. Um den Aberwitz in seinem ganzen Umfang zu ermessen, muß man in Frankreich, und zwar mit den daselbst angesiedelten Deutschen gelebt haben. Begeisterte sich der Deutsche früher überhaupt leicht für die Fremde, in der er lebte, ward er draußen bald strenger Anglomane, bald übermüthiger Yankee, so wirkte die französische Umgebung noch mit ganz besonderm Zauber auf diese seine Neigung. Es gab keine dankbareren, anhänglicheren, anerkennenderen Ansiedler als die

---

*) Aehnlich später Trochu in geheimnißvollen Andeutungen über den Zusammenhang zwischen Bismarck und der Commune.

Deutschen in Frankreich. Sie trieben es vielfach ins Komische, und so Mancher ist unter schnöden Mißhandlungen ausgetrieben worden, dessen alte Neigung die harte Prüfung überlebt hat. Von solchen Leuten fürchteten die Franzosen verrathen zu werden! Wie sie die deutsche Einheit machen halfen, so machten sie auch bei dieser Gelegenheit viele deutsche Patrioten, die sie erst mit Gewalt hinaus und zu lebhafterem Anschluß an die Heimath trieben. Der wortführende gemeine Journalismus, welcher in erster Reihe den Kriegswahnsinn aufgestachelt, leitete auch die Hetze gegen die Deutschen ein. Vielfach waren schmutzige Beweggründe mit im Spiel. Das Wort „chantage", im Französischen ein viel gebrauchter Ausdruck, können wir nur umschreibend übersetzen. Es bedeutet so viel wie durch Bedrohen mit Enthüllung wahrer oder erdichteter Schimpflichkeiten jemandem Geld abpressen. Solchen Absichten ist es ohne Zweifel zuzuschreiben, wenn sofort nach Ausbruch des Krieges in öffentlichen Blättern deutsche Bankhäuser der Rache des Pöbels' denuncirt wurden, weil sie angeblich den Preußen Geld schickten. In Friedenszeiten bestand das Manöver darin, neuen Unternehmungen Geld abzupressen durch Drohen mit lästernden Angriffen, welche jene discreditiren würden. Jetzt ward das Raubsystem auf den Kriegsfuß umgewandelt. Die deutschen Bankhäuser sollten ihren Tribut zahlen, wenn sie nicht der Plünderung bezeichnet werden wollten. Solch' Geschrei — das wußten die löschpapierenen Piraten sehr wohl — fiel auf einen wohlpräparirten, fruchtbaren Boden. Von jeher war Frankreich das Land, in welchem willig Gehör fand, wer predigte, daß die Hungersnöthe von den Bäckern gemacht werden. Hatte doch schon bei Handelskrisen die Regierung selbst, diesen blöden Eingebungen folgend, die Ausfuhr der Metalle als einen unpatriotischen Act verfolgt, mittelalterliche Edicte aus der Zeit barbarischer Begriffsverwirrungen erneuernd. So fand auch diesmal die verrückte Fabel willkommene Aufnahme, daß deutsche Geschäftsleute der preußischen Regierung aus Frankreich das Gold und Silber schickten, dessen sie zur Kriegführung bedürfe. Das Schönste an der Sache war, daß der größte Theil der denuncirten Operationen, die Geldausfuhr, für Rechnung der Bank von Frankreich von Dritten vorgenommen wurde. Die Bank tauschte nämlich in Brüssel Silber gegen Gold ein und bediente sich zur Wegsendung ihres Goldes dahin u. a. eines belgischen Geldwechslers, Namens Hirsch aus Antwerpen. Diesem Hirsch, einem ehemaligen belgischen Officier, welcher Gold für die Bank von Frankreich nach Brüssel schickte, stürmte und verwüstete der Pöbel sein im elegantesten Viertel von Paris gelegenes Comptoir, Ecke der Rue Richelieu und des Boulevard des Italiens, auf Anstehen solcher patriotischen Blätter wie der „Gaulois" und „Figaro", weil er als deutscher Verräther dem König von Preußen Geld nach Berlin schicke. Um die ihre Taschen noch immer verschlossen haltenden Bankiers in Angst zu setzen, nannte ein Blatt beliebige Namen mit dem Zusatze: „Sie ziehen Geld aus der französischen Bank, um die gefälligen Vermittler des scheinheiligen Wilhelm und des unverschämten Bismark zu machen" (wörtlich). Und die aufgeklärte Regierung, um den Spuren dieses edlen patriotischen Eifers zu folgen, verkündigte im „Moniteur", daß solche Geldsendungen (an den scheinheiligen Wilhelm) nach Art. 77 des Strafgesetzes als Hochverrath mit dem Tode bedroht seien! Die Bank von Frankreich, von demselben Geiste getrieben, weigerte sich, ferner Wechsel zu discontiren, welche ein deutsches Giro trugen.

Nach solchen Vorgängen darf man sich nicht wundern, wenn der Sturm alsbald gegen die ganze deutsche Bevölkerung losbrach und vollends in Tobsucht umschlug, als die ersten Niederlagen nicht mehr zu verheimlichen waren. Jeder deutsche Schneidergeselle der Rue Favart hatte nun dazu beigetragen, den Marschall Mac Mahon zu verrathen, die Geheimnisse des Feldzugs auszuplaudern. Schon unter dem Kaiserthum begann die Verfolgung und Austreibung; in volle Blüthe kam sie aber erst unter der generösen Republik. Man müßte Folianten schreiben, wollte man das Material zusammentreiben, und eine übersichtliche Arbeit kann erst nach dem Frieden zu Stande kommen. Zum Verständniß der ganzen rabies gehört die Vergegenwärtigung der engen Ansicht, welche mehr als irgendwo in Frankreich die Menge, auch der Gebildeten, in volkswirthschaftlichen Dingen beherrscht. Die Arbeit, welche viele hunderttausend Deutsche in Frankreich verrichteten, erschien als ein Verhältniß, das nur dem Arbeiter, nicht dem Lande, von Interesse sei. Wenn Augenärzte aus unserer streng wissenschaftlichen Schule die französischen Empiriker verdrängten, so hatten nicht diejenigen den Nutzen, welchen die Sehorgane gerettet wurden, sondern allein diejenigen, welche das Honorar empfingen; und so fort durch alle Stufen der Arbeit. Man müßte eine Beschreibung des Handels und der Industrie von Frankreich und der sich ergänzenden Fähigkeiten beider Nationen liefern, um nachzuweisen, wie der Vortheil mindestens auf beiden Seiten gleich war. Für Jeden, der eine Ahnung von ökonomischen Begriffen hat, versteht sich das von selbst. Nur der einzige Michel Chevalier versuchte, den Franzosen ihre bornirte Auffassung auszureden; aber er predigte in der Wüste, wie damals, als er im Senat vor dem Kriege warnte. Leute, die auf diesem wirthschaftlichen Standpunkte sich befinden, hätten wenigstens consequenter Weise diejenigen, welche „ihr Geld in Frankreich verzehren", als Gönner und nicht als Begünstigte ansehen sollen; aber es ward alles in einen Topf geworfen und jeder Deutsche als ein Undankbarer proclamirt, der Frankreichs „Wohlthaten" mit

Verrath lohne. Und „Wohlthat" widerfuhr einem Deutschen überall da, wo er sich einem Franzosen nähern durfte. War er als Arbeiter in Frankreich, so lebte er ja von dem „Gelde", das ihm die Franzosen für seine Leistungen bezahlten; war er aber Kapitalist oder Rentier, so empfing er umgekehrt die Wohlthat in Form der Leistungen, welche ihm die Franzosen für sein Geld überließen. Wie er sich auch anstellte, er blieb stets der Beglückte und einseitig Vortheil Ziehende. Danach hätte man wenigstens denken sollen, es sei der Boden das Entscheidende, und wenn demnach Franzosen in Deutschland lebten, so komme endlich auch einmal an sie die Pflicht der Dankbarkeit. Weit gefehlt! Nun werden wir erst recht undankbar. Noch nach Abschluß des Friedens schrieb eine sehr gebildete Französin an einen deutschen, im Großherzogthum Baden wohnenden Freund: „Von den Badensern, bei denen die Franzosen Jahr aus Jahr ein so viel Geld verzehrten, hätte man doch zum Allerwenigsten erwarten dürfen, daß sie sich in diesem Kriege neutral erklärten." Ich lachte herzlich über das, was ich anfänglich für einen Ausbund weiblicher Weltanschauung ansah, bis ich entdeckte, daß die viel lesende Dame wahrscheinlich ihre völkerrechtliche Weisheit aus tieferer Quelle geschöpft haben mochte. Die „Revue des deux mondes" nämlich enthält im Heft vom 15. Nov. 1870 einen Aufsatz von Mezières über die Invasion des Elsasses. Darin heißt es wörtlich: „Man mochte in Straßburg schon deshalb nicht an die Möglichkeit einer Beschießung glauben wollen, weil die Belagerungsarmee zum großen Theil aus Badensern zusammengesetzt war, d. h. aus Nachbarn, welche von Frankreich leben (c'est a dire de voisins pui vivent de la France), welche ihre Producte auf die Märkte des Elsasses bringen und dafür französisches Geld einstecken, welche Jahr aus Jahr ein in ihren Badeorten, in ihren zahlreichen Kuranstalten und den lachenden Dörfern des Schwarzwaldes (dem bereits lange vor dem Hôtel de Ville der Segen des Petroleums zugedacht war) eine wahre französische Kolonie bei sich sahen. Wie konnte man sich vorstellen, daß diese freundnachbarlichen Gäste und Wirthe vom Tage zuvor sich plötzlich in unerbittliche und grimmige Feinde verwandeln würden?"

Wenn man früher die wenigen Franzosen bezeichnen wollte, welche in Paris mit deutscher Wissenschaft und deutscher Kultur vertraut seien, so nannte man unter den fünf oder sechs meist Eingeweihten wohl Professor Mézières, den Verfasser obigen Blödsinns. Danach möchte man versucht sein auszurufen: "Wie mag es erst mit den Stockfranzosen aussehen!" Allein das wäre eben ein Irrthum. In diesem Punkte stehen sie Alle auf demselben Standpunkte, und jeder Bildungsunterschied verschwindet vor der befangenen Eigenliebe. Es ist damit oben nicht besser als unten und unten nicht schlimmer als oben.

Selbst Ernst Renan betete dieses thörichte Geschwätz den Zeitungen nach, die wegen mißlungenen Erpressungsversuchs nur um so schäumender lärmten. Auch die bittersten Erfahrungen sollen uns nicht verleiten, des liberalen Verhaltens der Franzosen in einstigen guten Friedenszeiten jemals uneingedenk zu werden. Welchen Nutzen und welche Interessen sie immer dabei gehabt, sie verfuhren wirklich von jeher äußerst freisinnig, z. B. bei Anstellung von Ausländern im öffentlichen Dienst; auch im geselligen Verkehr verhielt sich nie ein Volk weniger ausschließend gegen die Fremden. Da Deutsche ihnen (wie allen) am besten dienstbar, nützlich und verständlich sich zu machen wußten, so waren es auch die Deutschen, welchen jene Vorurtheilslosigkeit am meisten zu gute kam. Gäbe es in solchen Dingen eine Compensationsrechnung, die Franzosen hätten uns Böses genug gethan, um den Dank auszugleichen. Aber es handelt sich hier für uns nicht um Rechnungsaufstellung, sondern nur um die Charakterstudie, und da ist es vor allem belehrend zu sehen, wie sie in diesem Gegenseitigkeitsverhältniß, in diesem Austausch von Leistungen aller Art, sich nur als die Wohlthäter, uns als die Begnadeten und im nächsten Augenblick als die Verräther ansahen. Erst wollten sie die Dienstpflichtigen zurückhalten, dann jagten sie dieselben mit Wuth davon. Im vorigen Jahrhundert saßen die Franzosen in Deutschland fest, nicht in Massen dienend, arbeitend, lehrend, sondern überall an den Höfen tonangebend, regierend, genießend. Es hat das wahrlich keinen von ihnen jemals auf den Gedanken gebracht, daß um deßwillen Ludwig XV., die Revolution und das Kaiserthum nicht hätten Deutschland bekriegen sollen. Noch unendlich viel thörichter waren die Vorstellungen von Verrätherei, welche mit diesen Deutschen verbunden wurden. Was um's Himmelswillen sollten sie verrathen? Die berühmten Pläne von Bazaine? Oder die Wege und Festungswerke von Frankreich, deren Karten in Berlin viel besser vorhanden waren als in Paris, und welche sich französische Officiere im Laufe des Feldzugs aus Deutschland kommen lassen mußten, weil sie nur die berühmten Karten hatten, welche von Straßburg und Saarbrücken bis Königsberg gingen; „denn" — schrieb man am 23. Juli aus Paris dem „Nouvelliste de Rouen" — „der Kaiser soll im Laufe des Abends zu einigen Generalen, welche sich wegen des bevorstehenden Kriegs beunruhigten, gesagt haben: „„Meine Herren, ich werde den Frieden in Königsberg unterzeichnen."" Welches auch die Authenticität dieser Worte sei, so bestätige ich (setzt der Berichterstatter hinzu), daß sie seit gestern Abend in allen militärischen Kreisen die Runde machen."

Um nur ein Beispiel von der boshaften Verrücktheit zu geben, mit welcher diese Hetze betrieben wurde, sei hier ein Actenstück ein=

gefügt, welches von einem der bekanntesten Pariser Schriftsteller, Alfred Assolant, herrührt. Auf Antrag des Bürgers Assolant also wurde in einer Generalversammlung seiner Landsleute (der aus dem Creuse-Departement Gebürtigen) folgende Adresse angenommen: „Siebenmalhunderttausend Deutsche, die man seit 1815 darauf dressirt hat, uns zu hassen und auszuspioniren, rücken über die Grenze. Bei der Avantgarde marschiren als Plänkler 30,000 jener Spione, die wir unter dem Namen von Arbeitern, Handlungsgehülfen oder Werkführern wie Brüder aufgenommen hatten. Heute nun dienen sie ihren Landsleuten als Führer. Rücken sie in eine Stadt ein, sofort gehen sie, ohne sich zu besinnen, auf die Stelle zu, wo man die Schlüssel aufbewahrt, zur Casse oder zum Keller. In den Dörfern wissen sie, wo die Vorräthe liegen, wie viel Ochsen jeder besitzt, wie viel Schafe, Geflügel, wie viel Säcke Getreide. Will der Eigenthümer, arm oder reich, etwas davon für sich behalten, so lassen sie ihm Prügel aufzählen, widersteht er, ihn erschießen und sein Haus niederbrennen. Was die Frauen angeht, so möge Gott die, welche wir ehren, davor bewahren, daß sie je mit diesen Barbarenhorden zusammentreffen." Beiläufig sei zu letzterer Anklage bemerkt, daß die doch nicht zaghafte Lügenkunst unserer Feinde im Laufe des ganzen Feldzuges nicht einen einzigen Vorwand fand, um nur die Erdichtung eines solchen Excesses darauf zu bauen. Ein Pariser Gelehrter, ein alter Herr, dessen Humor noch etwas vom 18. Jahrhundert an sich trägt, schreibt vielmehr in einem mir zu Gesicht gekommenen Brief von seinem Landsitz in der Champagne an eine Freundin: er habe über das Benehmen der Preußen keine Klage zu führen, als daß sie zur Kreuzung der Racen gar nichts beitragen wollten; da würden es die Franzosen in ähnlichem Fall doch besser gemacht haben!

Die Austreibung der Deutschen begann noch unter dem Ministerium Palikao, unter den Auspicien Chevreau's, des Ministers des Innern. Damals protestirte noch Pelletan, einer der Wenigen, die sich nicht zum Fanatismus fortreißen ließen. Aber der Volkswahnsinn trieb alle Regierungen und Behörden vor sich her; eine nach der andern schleuderte ihre Bannstrahlen. Wiederholt hatte man, der Natur der Sache entsprechend, für alle, die sich genügend rechtfertigen mochten, Aufenthaltserlaubniß gewährt. Aber der regelmäßige Verlauf dieser Maßregel war, daß nach wenigen Tagen dem Begünstigten vom Commissär seines Viertels insinuirt ward: „formell habe er zwar die Ermächtigung zum Bleiben, aber thatsächlich müsse man ihn doch auffordern, zu gehen, denn man könne ihm nicht verbürgen, ihn vor der Volkswuth zu schützen." Leute, die zehn Jahre friedlich mit denselben Nachbarn auf demselben Flur gewohnt hatten, wurden alsbald mißtrauisch von diesen angeschielt und bedroht. Die harmlosesten, ruhigsten Familien konnten nicht aus- und eingehen, ohne von dem Gesinde des Hauses mit unheimlichen Reden und Schimpfworten bedacht zu werden. Auf dem Lande, in Provinzialstädten trieb der bösartige Unsinn sein Wesen natürlich noch grasser. Eine bekannte Schriftstellerin, einer alten französischen Familie angehörig, mußte von ihrem eigenen Landsitze fliehen, weil sie ihren Bauern als „Spionin" verdächtig ward. „Denn, sagten diese, was hätte sie nöthig so viele Briefe und Zeitungen zu bekommen, wenn sie es nicht mit dem Auslande hielte?" Ein in Frankreich naturalisirter deutscher Gelehrter wurde in der Stadt seines langjährigen Wirkens auf der Straße mißhandelt, weil er einen Brief nach Deutschland zur Post geben wollte, und entkam mit knapper Noth. Die Verrücktheit ging so weit, daß bald jeder Ausländer als Verräther bedroht war. Zwei ledige englische Damen mußten eine Pension in

Meudon verlassen, weil man ihnen das Leben verbitterte;*) mehrere
dänische Familien mußten aus Cette flüchten; in den unbedeutend=
sten Provinzialstädten wurden gewöhnliche deutsche Mägde, welche
bei französischen Herrschaften dienten, als der Spionage für die
preußische Armee verdächtig denuncirt.

Es war in der That ein Glück und vielleicht von Humanitäts=
rücksichten dictirt, daß Crémieux als eine seiner ersten Regierungs=
maßregeln in Tours die Austreibung aller Deutschen anordnete.
Vielen mag dadurch das Leben gerettet worden sein. Aber die
Art, wie diese Maßregel vollzogen ward, wie sich thierische Wuth
dabei offenbarte, bleibt ein häßliches Andenken an den auf der
Oberfläche gut und liebenswürdig befundenen Charakter der Nation.
Angenommen auch, die letzten Austreibungen aus Paris hätten die
Verminderung der zu ernährenden Belagerten zum Zweck gehabt,
so entsprach die Art der Ausführung nur den Antrieben niederer
Leidenschaft. Die schwächsten Kranken wurden rücksichtslos fortge=
jagt. Ohne nur besonders umgefragt zu haben, kenne ich drei
Fälle von wahrhaft empörender Unmenschlichkeit. Ich habe vor
mir den Brief einer deutschen Lehrerin liegen, die seit vielen Jah=
ren paralysirt auf ihrem Schmerzenslager von einem kleinen Kreis
unterhalten wurde. Sie schreibt mit zitternder Hand: „Paris, den
11. September 1870. Es betrifft mich ein Unglück, aus dem ich
mich schwerlich wieder erholen kann. Ich muß Paris verlassen.
Wohin mich wenden, weiß ich nicht. Allein reisen in meinem Zu=
stand ist mir auch nicht möglich. Ich habe einige Actien, die ich
in einem Testament, das sich in meinem Zimmer befindet, der Ge=
sellschaft, die mich bisher so treu erhalten, vermacht habe. Lassen

---

*) In derselben Pension versicherte ein französischer Oberst, authentisch zu wissen,
Frankreich habe den Krieg erklärt, weil der König von Preußen in Ems zu Bene=
detti gesagt habe, die Kaiserin Eugenie sei eine —!

Sie gefälligst nach mir fragen. Ich habe auf die Polizei geschrieben — hingeschickt — nichts hilft! Ich muß ohne Säumen fort. Ihre ewig dankbare M. E. S."*) — Hr. R., Correspondent einer österreichischen Zeitung, seit drei Jahren paralysirt, mußte sich ebenfalls fortschaffen lassen. Die Mutter des Malers K. mußte, obgleich auf den Tod krank, weggebracht werden und starb auf dem Wege zur Eisenbahn. Deutsche, die als Kinder nach Frankreich gekommen waren, gar keine andere Heimath mehr besaßen, mußten fort. Man ließ Vielen nicht einmal die Zeit, ihre Einlagen aus der Sparkasse zu holen. Der normale Fall, einer der günstigeren, war folgender. Ich lasse den Betreffenden selbst sprechen, wie er mir ohne die geringste Animosität, mit der Absicht, sobald als möglich nach Paris zurückzukehren, harmlos und einfach die Geschichte seiner Vertreibung erzählt hat:

„Ich heiße H. W., bin 32 Jahr alt, aus dem Großherzogthum Baden gebürtig und wohne seit sieben Jahren in Paris. Ich kam als Werkführer zuerst in ein Parfümeriegeschäft in Pantin, heirathete im verflossenen April die Tochter meines Patrons, des französischen Parfümeurs *** in der Straße St. Denis. Als nach Sedan Trochu's Befehl erging, daß Deutsche nur gegen persönliche Aufenthaltsbewilligung bleiben dürften, erhielt ich eine solche vom Polizeicommissär meines Viertels. Darauf erschien ein zweiter Befehl Trochu's, der nochmals einschärfte: es müsse binnen drei Tagen fort, wer nicht von der Regierung selbst eine besondere Erlaubniß auswirke. Ich begab mich auf die Polizeipräfectur. Daselbst war eine Verordnung angeklebt, nach der jeder Deutsche, der bleiben wolle, eine Bürgschaft stellen müsse in Person von drei notablen Angesessenen. Ich verschaffte mir die drei Bürgen. An

---

*) Niemand hat seitdem ermitteln können, was aus der Aermsten geworden.

demselben Abend neuer Erlaß des Polizeipräfecten Kératry: daß alle Deutschen binnen 24 Stunden fortmüßten. Wiederholt begab ich mich auf die Präfectur in Begleitung meines Schwiegervaters und meiner Bürgen. Ich erhielt eine neue, vollständig ausgefertigte Erlaubniß zum Bleiben, vom Obersecretär Kératry's, Hrn. Bartholy, unterzeichnet. Das war am 6. Septbr. Am 11., einem Sonntag, waren wir bei der Großmutter meiner Frau in Maison Laffitte gewesen und hatten dieselbe mit uns in die Stadt gebracht. Nach Hause gekommen, begeben wir uns ermüdet zu Bette. Da reißt es Nachts um 12 1/2 Uhr an der Klingel. Es ruft: „Oeffnet, im Namen des Gesetzes!" Ich werfe rasch ein Kleidungsstück um und öffne. Hereinstürzen ein Commissär und sechs Mann Nationalgarde. Ersterer herrscht mich an: Haben Sie eine Ermächtigung, in Paris zu bleiben? — Ja wohl! — So zeigen Sie her. — Ich präsentire meinen Schein. Er schiebt ihn in seine Tasche, ohne nur einen Blick hineinzuwerfen. Nun gab er seinen Leuten Befehl, alles zu durchsuchen. Meine sämmtlichen Effecten und Möbel wurden geöffnet und durchwühlt, alle meine deutsch geschriebenen Briefe weggenommen, ebenso ein kleiner Revolver. Das alles ging in Gegenwart meiner vor Schreck halb tobten Frau vor, die in gesegneten Umständen war und in demselben Zimmer im Bette lag. Man verhaftete mich nun und führte mich trotz alles Flehens weg. Es war eine jammervolle Scene, wie meine Frau und die alte Großmutter klagten, als ich ohne jede Erklärung, ohne jeden Verzug, mitten in der Nacht von ihnen weggerissen ward. Unten an der Thüre warteten noch 30 Mann Nationalgarde, umringt von einem Volkshaufen. Von allen Seiten rief es „Espion prussien", ohne den Schutz der Wache hätte mich die Menge sicher todt geschlagen. Zuerst brachte man mich auf den Posten des Boulevard Bonne Nouvelle. Hier ward ein Pro-

tokoll aufgenommen, in dem es hieß, man habe Waffen bei mir
entdeckt, und ich sei ein gefährlicher Mensch. An diesem Posten
standen noch mehrere Zellenwagen, alle mit ausgehobenen Deutschen
angefüllt. Man schob mich auch in einen, und nun ging es nach
der Präfectur. Alle Straßen ertönten vom Lärm der National=
garden und Zellenwagen, die solche Gefangene einbrachten. In der
Präfectur angekommen, wurden wir reihenweise im Hofe aufgestellt.
Viele waren nur aufs dürftigste mit dem Nachtkleide bedeckt, in
dem sie aus dem Bette gerissen worden. Als ich mit meinem Nach=
bar ein Wort sprechen wollte, herrschte mich der Aufseher an:
„Maul halten, da hinten!" Nun kam die Reihe an mich vorge=
führt zu werden. Von allen Seiten rief es um mich her: „Das
ist ein rechter, der kommt auch nicht wieder heraus; ja er kommt
heraus, aber um gehenkt zu werden." Man durchsuchte mich, nahm
mir Geld und Uhr ab und schickte mich in Zelle Nr. 86. Ich
war noch glücklich. Viele Hunderte kamen in eine Art von großen
Stall auf Stroh. Vergeblich reclamirte mich mein Schwiegervater,
der sich in seiner Uniform als Nationalgardist auf die Präfectur
begab. Sechs Tage hielt man mich in der Zelle eingesperrt. Nur
zweimal gelang es meinem Schwiegervater, mir durch die Luke
einige Worte zu sagen. Am sechsten Tag erklärte man mir, daß
ich über Rouen fort müsse, und ließ mich unter Begleitung von
zwei Agenten noch auf eine Stunde nach Hause gehen. In der
folgenden Nacht ward ich dreimal aus meiner Zelle geholt, um
weggebracht zu werden, und dreimal wieder hineingeschickt. Zugleich
amüsirten sich die Nationalgardisten der Wache, mich auf jede er=
denkliche Weise zu foltern und zu hänseln. Ich wandte ihnen den
Rücken. „Ah, er kehrt den Rücken; schon gut, er wird ja füsilirt
— nein, man soll ihn an den Füßen aufhängen." Endlich zum
viertenmal ward ich in den Hof geführt, um mit vielen andern in

einem Zellenwagen zur Eisenbahn transportirt zu werden. Hier
erlebte ich etwas Gräßliches. Ein Deutscher, ein kranker alter Mann,
wand sich verzweifelt an der Erde. Er hatte nichts auf dem Leib
als ein Hemd und ein Nachtcamisol. Er rief auf französisch: „Ich
bin 64 Jahre alt, wohne seit 54 Jahren in Frankreich, ich bin mit
einer Französin verheirathet, ich habe zwei Söhne in der französischen
Armee." Händeringend fiel er auf die Kniee und bat ihn da zu
lassen. Aber nichts half. Er fiel in Ohnmacht; der Commandant
schrie: „Man bringe ihn weg." Nun bekam er einen furchtbaren
Nervenanfall. Man legt ihn an die Wand, schüttet ihm einen
Eimer Wasser über den Kopf. Er bleibt unempfindlich. Einer
öffnet ihm den Mund und ruft: „Ich denk' er ist fertig" (je crois
qu'il est fini). So verließ ich den Unglücklichen, als man mich
in den Zellenwagen schob. Wahrscheinlich ist er gestorben. Diese
Schreckensscene und die Wildheit der Umgebung wird mir nie aus
dem Gedächtniß schwinden. Es war entsetzlich. Bis zum letzten
Augenblick wurde ich aufs roheste behandelt. Der Eisenbahnzug
war vollgepfropft mit Leidensgefährten. Jeder hatte von andern
Mißhandlungen zu erzählen. Zwei Wagen waren ganz angefüllt
mit Frauen. Eine derselben war am Sonntag auf dem Spazier=
gang vom Arm ihres Mannes weggerissen worden. Ich traf
unter andern auch den zweiten Diener des deutschen Hülfsvereins.
Man hatte zuerst ihn verhaftet, später auch seine Frau und Kinder
vertrieben, er wußte nicht, was aus ihnen geworden war. Sein
Hauseigenthümer in der Rue d'Allemagne (wo die unbemittelten
Deutschen wohnten) hatte ihn und seine Möbel auf die Straße ge=
worfen, wo er vom Pöbel die ärgsten Mißhandlungen zu erdulden
hatte. Drei Tage lang hielt man ihn auf dem Posten gefangen,
wo er unter den Augen seines Miethsherrn, der zugleich Offizier
in der Nationalgarde ist, die ganze Zeit über mit Kolbenstößen

tractirt wurde. Mit Mühe und Gefahr gerieth ich in Havre, wo mich wieder die Menge bedrohte, fährt Hr. W. fort, aufs Dampfschiff nach London, wo ich endlich Athem schöpfte. Ich bedurfte vieler Tage, ehe ich körperlich und geistig wieder zu mir kam. In einer Londoner Restauration, wo die Ausgetriebenen zusammenkamen, traf ich eine Menge junger Leute, die kein Wort Deutsch konnten. Sie waren aber als Söhne von Deutschen dennoch fortgeschafft worden."

So weit die Erzählung W's., der am Schluß bemerkt, es sei ihm noch durch die Protection seines Schwiegervaters verhältnißmäßig gut gegangen; von seiner Frau habe er nichts mehr gehört. Er vermuthe, es schmachte noch mancher Deutsche in Pariser Gefängnissen.

Zu dieser Nachtseite des Pariser Volkscharacters, von dessen Sublimität wir jetzt so viel hören, möge ein ebenso authentischer Zeuge wie der vorstehende das Gegenstück komischer Art liefern. Nichts vermag uns so schlagend über das Verhalten der Nation im ganzen Kriege aufzuklären als solche auf frischer That erfaßte und in voller Naivetät wiedergegebene Schilderungen. Auch dieses Erzählers Name beginnt zufällig mit einem W.

„Ich verließ Schanghai auf einem französischen Dampfschiff Anfangs August, um nach Europa zurückzukehren. Als wir abfuhren, war noch nichts bekannt vom Ausbruch des Krieges. Die ersten Nachrichten erfuhren wir, als wir nach Saigon kamen. Die Jubelausbrüche der an Bord befindlichen Franzosen waren unbeschreiblich. Des Abends ward in Saigon selbst ein großer Ball zu Ehren des Ereignisses gegeben. Im Hauptsaale war ein Transparent angebracht, worauf in folgender Ordnung, mit Blumen umkränzt, die Namen standen:

Alma. Sebastopol. Magenta. Solferino. Berlin.

Von Saigon bis Singapur war es vor Renommiren und Jubiliren nicht auszuhalten. Wie wir in Singapur ankamen, ging ich ans Land und hörte von den ersten deutschen Siegen. Ich ließ nichts verlauten, als ich aufs Schiff zurückkam, aber die Franzosen mochten auch etwas vernommen haben und fingen an, spitze Bemerkungen einzustreuen, über die Preußen und die Deutschen zu schimpfen und mir das Leben sehr unbehaglich zu machen. So kamen wir nach Suez und dort erfuhren wir die Capitulation von Sedan. Nun brach aber die Wuth gegen Deutschland so gewaltig los, daß mir anfing, für mein Leben bange zu werden und das Essen am gemeinsamen Tisch mir geradezu unmöglich wurde. Ich erklärte dem Capitän, daß ich lieber den Rest meines Fahrgeldes bis England verlieren als länger an Bord bleiben wolle, da ich der einzige Deutsche auf dem Schiffe sei, er selbst müsse einsehen, wie bedenklich meine Lage geworden. Der Capitän, ein Ehrenmann, beschwor mich, ihm das nicht anzuthun, ich stehe unter seinem Schutz und er werde mich zu vertheidigen wissen. So blieb ich; aber kaum waren wir wieder in See, so bereute ich es bitter. Das Toben gegen die Deutschen mit persönlichen Anzüglichkeiten auf mich wurde schlimmer als je und das Einschreiten des Capitäns blieb fruchtlos. Mehrfach erhielt er zur Antwort, in Frankreich sei jetzt die Republik erklärt und man habe sich auch von ihm nichts mehr befehlen zu lassen. Auf den Kaiser wurde maßlos geschimpft, ebenso wie in Saigon ihm Vivats ausgebracht worden waren. Als wir glücklich in Alexandria ankamen, hatte ich die Sache überdrüssig. Trotz wiederholten Einspruchs des braven Capitäns ließ ich mein Fahrbillet für den Rest der Reise untergehen und bestieg den englischen Dampfer."

V.

Im Eingang der gegenwärtigen Zusammenstellung habe ich behauptet: Die charakteristische Erscheinung während des ganzen Krieges sei die unübersehbare Entwicklung des Lügenunkrauts, und alle andern Phänomene hingen mit der Wurzel oder den Ranken dieses Riesengewächses zusammen, welches den französischen Boden überdeckt hat. Ich habe Schritt für Schritt gezeigt, wie die kaiserliche Regierung, mit Erfindungen hantirend, zum Angriff vorging. Man kann aus den letzten Capiteln entnehmen, welchen Antheil das wilde Fabuliren an der Haltung der Nation überhaupt hatte. Zur Vervollständigung des Bildes müßte man die Chronik der Lügen schreiben, welche jede Phase der Ereignisse nach innen und außen umschlangen. Ihr Name ist Legion. Keine sagenhafte Periode der dunkelsten Urzeit ist mit so vielen und grundlosen Erdichtungen durchwebt und umwölkt, wie die Geschichte dieser vor den Augen der Gegenwart abgesponnenen Begebenheiten. Historiker und Philosophen haben sich die Köpfe zerbrochen über die Art wie der Mythus entspringt. Hier können sie die Natur an der Arbeit überraschen; hier können sie beobachten, wie die Fabel nicht vom Einzelnen künstlich erfunden wird, sondern spontaner Weise von dem Ingenium der Massen aus den unsichtbarsten Keimen mit wundersamer Gleichzeitigkeit ausgebrütet wird. Man braucht nicht mehr zu forschen, wieso in Hochasien und in Griechenland derselbe Hercules, in Norwegen und der Schweiz derselbe Wilhelm Tell vorkommt, wenn man miterlebt hat, wie in Mühlhausen und in Avignon zu derselben Stunde, ohne sichtbare Uebertragung, die nämlichen Erfindungen auftauchten. Die Franzosen behaupten, in ein heroisches Zeitalter eingetreten zu sein, jedenfalls auch in das Zeitalter der Märchen. Hier nur die flüchtige Recapitulation der bekanntesten Züge aus dem Stegreif.

Den Reigen eröffnet die in französischen Blättern, aber sonst nirgends wahrgenommene Illumination des dänischen Uebungslagers beim Eintreffen der Kriegserklärung. Darauf folgt die bekannte Schlacht von Saarbrücken vom 2. August, die als ein großer Sieg über die preußischen Waffen gefeiert wurde. Viel interessanter waren die Vorgänge am 5. August. An diesem Tage, der auf die Schlacht von Weißenburg folgte, verbreitete sich plötzlich Nachmittags 1 Uhr auf der Börse in Paris die Nachricht eines großen französischen Sieges. Viele Augenzeugen haben mir diesen Moment genau geschildert. Alle stimmen darin überein, das Schauspiel, welches Paris in jenem Augenblick geboten, spotte aller Beschreibung. Es hieß: 20,000 Preußen seien geblieben, 30,000 gefangen, darunter der Kronprinz. Kein Mensch zweifelte. Im Nu war Paris ein Jubelmeer, der ganze Börsenplatz vollgepropft mit Menschen, ein Bild jauchzender Ausgelassenheit. Die Wechselagenten auf ihrem erhöhten Standort stimmten die Marseillaise an; die ganze Börse, und von da der ganze Platz, fiel weithin schallend mit ein; alle Häupter entblößten sich. In Zeit von einer Viertelstunde waren alle Fenster wie auf einen Zauberspruch mit Fahnen behangen, sogar die Pferde der Omnibus und der Fiaker erschienen mit Fähnlein geschmückt auf den Straßen. Man hatte sich gut vorgesehen. Alles dieß war geschehen in so viel Zeit als nöthig, um von der Börse in ein Ministerium zu fahren und zurück. Da kam der erste Bote wieder und erzählte schüchtern, auf der Regierung wisse man noch nichts von dem großen Sieg. Zweifel stiegen auf. Dann erschien ein Abgesandter der Polizeipräfectur und bestätigte, daß nichts Officielles bekannt sei. Man will ihn widerlegen, fragt nach der ersten Quelle der Siegesbotschaft, sucht, forscht, findet sie nicht. Finstere Zweifel bemächtigen sich der Menge. Plötzlich bricht der Unwille über die geahnte Täuschung aus, begleitet von dem entsprechenden panischen Schrecken unter den Börsenleuten. Es entwickelt sich eine Scene der Wuth und der Verwirrung ohne Gleichen. Wilde Volkshaufen brechen herein, alles vor sich hertreibend oder niederwerfend. „Verrath, Verrath!" schreit es auch hier. Doch wer soll der Verräther sein? Lynch ist nicht lange verlegen um einen Thäter. Der erste beste genügt ihm. Diesmal sind es die Wechselagenten, die selbst mit am meisten Gefoppten. Das eiserne Gitter, welches ihren Platz umgibt, wird niedergerissen, ihre Sitze und Pulte werden zertrümmert. Sie müssen fliehen, um nicht persönlich mißhandelt zu werden. Die Behörde, auf den Gedankengang der Massen eingehend, verspricht dem großen Verbrecher nachzuspüren, um ihn zur Rechenschaft zu ziehen, als wenn jemand anders als die nationale Thorheit das Verbrechen ermöglicht und begangen hätte!

Der Bewohner einer Vorstadt erzählte mir: Ich hatte zu Hause das vage Gerücht von einem großen Triumph vernommen, werfe mich rasch in einen Wagen und fahre nach dem Boulevard. Wie ich dahin komme, sehe ich nur noch vereinzelte Fahnen, hie und da eine, die gerade ins Fenster zurückgezogen wird. Ich verstehe nichts von dem, was vor meinen Augen vorgeht, und wende mich verlegen an eine Frau um Erklärung. „Ach, mein Herr", sagt sie wüthend, „welche Schändlichkeit! Das ist wieder der Bismarck, welcher uns diesen infamen Streich gespielt hat!" (C'est encore ce Bismarck qui nous a joué ce tour infame.) Diese paar Worte enthalten eine ganze Fundgrube von Geschichtserklärung.

An den zwei folgenden Tagen kamen die Hiobsposten. Die Niedergeschlagenheit war groß, aber nicht von langer Dauer. Es kamen bald die berühmten Pläne Bazaine's in Schwung, und die

Losung war, daß die Franzosen in den drei Schlachten vom 4. und 6. Aug. unendlich viel ruhmreicher gefochten als die Deutschen. Damit Niemand daran zweifle, ward beschlossen, dem Marschall Mac Mahon einen Ehrendegen auf Nationalsubscription zu widmen. Allgemeiner Beifall. Alle Zeitungen legen Listen auf. Gewiß, nun waren die Deutschen beschämt. Darüber kamen die Schlachten um Metz heran. Der echte Franzose zweifelt noch heute nicht, daß es drei Siege für seine Landsleute waren. Damals galt dieß für ausgemachte Sache. In diese Zeit fällt die vielleicht merkwürdigste Fabel der ganzen Reihe; es ist die Sage von den Steingruben von Chaumont. Als ich Ende Septembers mit den ersten Franzosen in der Schweiz zusammenkam, war eine der ersten an mich gerichteten Fragen stets: Wie es sich denn des genaueren mit den „Carrières de Chaumont" verhalten habe? Anfangs verstand ich die Frage nicht. Es hatte aber damit folgende Bewandtniß.

Um die Zeit, da jene Schlachten vor Metz geliefert wurden, verbreitete sich eines Morgens in Paris die Nachricht, große preußische Truppenmassen seien von Bazaine absichtlich auf ein Terrain gelockt worden, das sich rückwärts von den Steinbrüchen von Chaumont in jener Gegend ausdehne. Der Marschall nun habe dieses Erdreich künstlich aushöhlen und mit Balken stützen lassen. Wie also die Preußen, nichts Böses ahnend, aufmarschirt waren, fingen die französischen Kanonen an, auf die stützenden Balken zu feuern, und im Moment stürzte die ganze preußische Truppenmasse in den Abgrund, wo sie durch den Fall und die Kanonen zu Brei zermalmt wurden. Die Angaben der da Geopferten schwanken zwischen der bescheidenen Ziffer von 20,000 und dem etwas angezweifelten Maximum von 100,000. Aber daß die Blüthe der deutschen Jugend da kläglich zu Grunde ging, ist gewiß. Ich habe leider immer vergessen, zu fragen, ob es etwas gibt; was den Namen „Steinbrüche von Chaumont" führt. In Frankreich selbst ist der Hergang als geschichtliches Factum vollständig aufgenommen, und wird wahrscheinlich in viele historische Lehrbücher übergehen. Die Nachricht war durch große Placate mit allen Einzelheiten in Paris angeschlagen, und die Zeitungen sprachen wochenlang davon. Die Zeit zwischen dem 19. Aug. und dem 3. Sept. ward ausgefüllt mit den Nachrichten über die glücklichen Combinationen zwischen Bazaine und Mac Mahon, um die Preußen in dem großen Netz zu fangen. Daß Bazaine selbst in Metz gefangen sei, ward nicht geahnt. Am 3. Sept., als Napoleon bereits auf dem Wege nach Kassel war, verbreitete sich abermals die Nachricht über Paris, daß der große Coup gelungen. Ein deutscher Arzt schrieb am 3. Sept. an seinen Bruder, der sich über ihn beunruhigt hatte, aus Paris nach Hause, die Franzosen würden ihm wohl jetzt nichts zu leide thun, da sie ja im vollen Siegeszuge seien. So beglaubigt war die Sache, daß einer meiner Bekannten am 3. Sept. Mittags in die Kammer ging, um der officiellen Verkündigung beizuwohnen.

Statt dieses Sieges kam die große Katastrophe von Sedan und damit über Nacht die Republik. Saul hat Tausend geschlagen, David aber Zehntausend. Was sind die Lügen des Kaiserthums, verglichen mit denen Gambetta's? Die Geburt selbst dieser Republik wurde mit einem Mythus umkränzt, welcher dem französischen Volk und der Welt einreden sollte, sie sei aus einer „Revolution" hervorgegangen. Die Pariser machten sich weis, sie hätten den Kaiser gestürzt und wollten noch ganz besondere Anerkennung dafür, daß sie diese „Revolution" ohne Blutvergießen durchgeführt, übersehend, daß sie mit dem Blute von Weißenburg bis Sedan begossen war. Es wäre schwer gewesen, sie in Paris anders als unblutig zu machen. Wie der Kaiser, müde und matt, sich in die Gefangenschaft gestürzt hatte, so folgte der ganze Anhang in einer Nacht ihm hoffnungslos und freiwillig ins Exil. Die Kaiserin entfloh aus den Tuilerien, ehe eine Stimme, geschweige denn eine Hand, sich gegen sie erhoben; der gesetzgebende Körper stob auseinander vor einem Haufen unbewaffneter Schreier, sein Präsident bedeckte sich wie bei einer beliebigen Störung, packte seinen Koffer und folgte der Kaiserin. Jules Favre sprang auf die Tribüne und lud die Lusttragenden ein, mit aufs Stadthaus zu gehen, um daselbst die Republik zu machen; der Senat gar löste sich selbst auf, erklärend, daß er doch jetzt nicht zu gebrauchen sei. So zerfloß diese zwanzigjährige Macht, vor der Europa gezittert hatte, wie ein Schattenbild. Die Republik zog in das verlassene Haus ein. Sie hatte vielleicht Recht. Aber diesen Einzug als eine große Revolution zu stempeln, als einen Volks- und Freiheitssieg, das war — man kann es nicht anders nennen — Humbug. Im Felde wie im Cabinet hat sie seitdem practisch dem Grundsatze gehuldigt: daß man durch passende Erdichtungen den Volksgeist zum Widerstand großziehen müsse. Unter dem Kaiserthum war die Lüge eine Hülfswissenschaft des Regierens, unter der Republik ward sie zum System erhoben. Als Jules Favre aus der Conferenz von Ferrières heimkam, verkündete er: Bismarck habe ihm erklärt, Frankreich müsse zu einer Macht zweiten Ranges herabgedrückt werden.[*] Nachträglich mußte er einräumen, daß diese Sensationsphrase seinem eigenen Gehirn entstiegen sei. Niemals bis jetzt hat die republikanische Regierung eine ungünstige Nachricht sofort oder ungeschminkt ver-

---

[*] Auch eine Formel von alter französischer Herkunft! Sie bildete den stehenden Vorwurf der Opposition gegen Ludwig Philipp und wurde schon 1840 von Thiers in seinen diplomatischen Controversen wegen Mehemet Ali den Europäischen Mächten gegenüber verbraucht. „On veut faire descendre la France au rang d'une puissance de second ordre." Sie entsprang ihrem eigenen Gehirn gerade wie die Petroleumbomben.

öffentlicht. Stets wurde sie möglichst lange verborgen gehalten und dann unkenntlich gemacht. Geben wir in diesem Punkt einem unverdächtigen Zeugen das Wort. Der republikanische Historiker Lanfrey, gewiß nicht der Anhänglichkeit an die Bonapartes verdächtig, schreibt Anfangs Januar in der „Gazette du Peuple" von Chambéry: „Man sagt nicht dem Lande die Wahrheit, man hat sie ihm niemals gesagt über unsere eigene Lage. Nur aus den fremden Journalen haben wir stets die Nachrichten erfahren, die zu kennen für uns am wichtigsten war. Nur von ihnen erfuhren wir der Reihe nach die Capitulationen von Toul, Verdun, Schlettstadt, Neubreisach, Lafère, Amiens, Thionville, Rouen, Dieppe, Montmédy und Pfalzburg. Drei Tage bereits kannte ganz Europa die traurige Capitulation von Metz, und uns unterhielt man noch mit den ruhmvollen Ausfällen des Marschalls Bazaine. Man hat uns Ausfälle aus Paris erzählt, die nie anderswo als auf dem Papier existirt haben; man hat Truppen auf geographischen Punkten figuriren lassen, wo sie nie erschienen sind. Und war man einmal gezwungen, einen Theil der Wahrheit einzugestehen, so trug man Sorge, sie vorerst den sonderbarsten Umgestaltungsproceduren zu unterwerfen. Ja, das wird eines Tages ein curioses Studium sein vom Standpunkte der Geschichtsschreibung, diese Bülletins nämlich nachzulesen, welche eingeleitet wurden mit der famosen Legende von den drei Särgen."

Diese Legende verdient in der That neben der von den Steinbrüchen von Chaumont aufbewahrt zu werden. Wenn man einem Franzosen auf die Frage über die Steinbrüche zu verstehen gegeben hat, daß man ihm gar keinen Aufschluß zu ertheilen vermöge, so resignirt er sich schließlich dahin, eine zweite Frage zu stellen: Und wie war es mit den drei Särgen? War daran auch nichts? — Von dieser Legende ist mehr nach Deutschland gedrungen als von der ersten. Drei Särge, mit Goldbrocat behangen, begleitet von allen erdenklichen Ceremonien der Auszeichnung und der Trauer, waren vom Hauptquartier nach Deutschland transportirt worden. Sie enthielten nach vertrauenswürdiger Angabe die Leichen des Königs, des Kronprinzen und Moltke's. Nach und nach kamen die Angaben ins Schwanken; bald waren es nur zwei Särge, bald auch nur einer, bald war Friedrich Karl darin gebettet, bald Moltke. Als die drei absolut nicht todt sein wollten, ward der „Großherzog" von Nassau hineingelegt, der nicht bei der Armee und folglich auch da nicht mit bloßem Auge sichtbar war. Das Interessanteste aber an der ganzen Legende ist, daß sie höchst wahrscheinlich von Gambetta selbst fabricirt worden, den wir, nach seitdem abgelegten Proben, wohl solcher Leistungen für fähig halten dürfen. Ich weiß, daß er einem französischen Deputirten ein Telegramm mit der Meldung von den drei Särgen zugeschickt hat.

Wer erinnert sich nicht noch des merkwürdigen Vorfalls bei der Capitulation von Straßburg. Noch am Tage nach der in ganz Europa bekannten Uebergabe veröffentlichte die Regierung von Tours ein Telegramm ihres Consuls aus Basel (an den Thoren Straßburgs!), daß die Festung glorreich aushalte. Es ist unmöglich, alle einzelnen Fälle ähnlicher Natur aufzuzählen. Unvergeßlich in der Geschichte werden nur einige der ungeheuerlichsten officiellen Lügen Gambetta's bleiben. So vor allen das berühmte Rundschreiben an die Provinz, dessen Anfang man im Gedächtniß behalten wird wie den Anfang berühmter Bullen: „C'est avec une indisible joie." Mit einer unsagbaren Freude verkündet der eben aus den Lüften niedergefahrene Minister, daß die ganze Belagerungsarmee rund um Paris aus ihren Stellungen vertrieben, ihre Positionen von den Franzosen besetzt seien. Die ganze Cernirungslinie ist meilenweit zurückgeworfen und gelockert! Nie hat er auch nur eine einzige Andeutung seitdem vorgebracht, welche ihn zu einem Irrthum hätte berechtigen können. Während der Fahrt im Ballon hatte er so recht eigentlich die ganze Geschichte aus der Luft gegriffen. Und weßhalb gerade damals? Seine Erfindungen haben stets einen bestimmten, practischen Zweck. Zu seiner Ankunft aus Paris brauchte er eine starke Wirkung. Die Reise im Luftballon an sich war schon eine nicht zu verachtende Beigabe (bezeichnend überhaupt das besondere Talent für die so geschickte Benützung dieses luftigen Wesens). Aber um die Dictatur in die Hände nehmen zu können, bedurfte es mehr als dieses „Prestige." Er war gekommen, die Wahlen zu einer Nationalversammlung zu hintertreiben, welche die Regierung von Tours auf den 16. Oct. anberaumt hatte. Er war gekommen, um durch diese Hintertreibung seine Dictatur zu gründen. Hinter sich den zahlreicheren und angeseheneren Theil seiner Collegen in Paris abgesperrt, vor sich nur den 75jährigen Crémieux und die Glais=Bizoin genannte Null, öffnete sich ihm von der Höhe seines Windschiffes herab die Herrschaft über ganz Frankreich, wenn er diesem zurufen konnte: Nur um Gotteswillen nicht die Nation jetzt durch Wahlen mitten in ihrem Siegeslauf aufhalten! Darum erfand er die „mit unsagbarer Freude" verkündete Durchbrechung der Pariser Linie. Diesem System ist er treu geblieben. Als er Tours räumen mußte, schämte er sich nicht, nach Paris zu telegraphiren: die Regierung gehe nach Bordeaux, um nicht die strategischen Bewegungen der Armee zu „geniren" — in demselben Augenblick, da Tours die weiße Flagge aufzog, um nicht länger beschossen zu werden. Verhängnißvoll für die Loire=Armee ward sein Manöver Ende November, als er den General Aurelles mit gefälschten Depeschen bestimmte, bei Orleans anzugreifen, weil, wie er verkündete, den Parisern der Durchbruch nach Süden gelungen sei. Die Nachricht von diesem Durchbruch machte denn auch mit Blitzesschnelle die Runde durch alle französischen und von Franzosen bewohnten Gebiete. Glückwunschdepeschen strömten zuhauf in der französischen Schweiz unter den Geflüchteten hin und her, man umarmte und beglückwünschte sich — bis der traurige Schwindel entdeckt war. Ganz das Gleiche wiederholte sich zum drittenmal bei der Einnahme des Mont Avron. Diese fand am 27., 28. und 29. Dec. statt. Auf den 1. Jan. hatte Gambetta in Bordeaux sich eine große Huldigung veranstaltet. Hier sollten durch eine große Straßendemonstration alle die friedlichen Velleitäten seiner Collegen und anderer politischen Köpfe erdrückt werden. Was geschah? Ein in der Nähe von Le Mans am 31. Dec. niedergefallener Ballon hatte bereits die Nachrichten vom 30. Dec. aus Paris über ganz Frankreich und Europa mittelst der französischen Telegraphie verbreitet. Am 30. Dec. berichtet die französische Telegraphie aus Le Mans die Einnahme des Mont Avron durch die Preußen und die Niedergeschlagenheit, welche diese Thatsache in Paris verbreitet habe. Aber am 31. Dec. berichtete Gambetta's Telegraphie aus Bordeaux zunächst dieser Stadt und dann Europa wie folgt: „Der Angriff der Preußen gegen Avron ist glorreich zurückgeschlagen worden, 7000 bis 8000 Preußen todt. Am Abend gaben die Mobilen ein großes Concert. Paris ist magisch, antik, neugeboren (magique, antique, régénéré) u. s. w." Gambetta hat nie erklärt, von wem ihm dieses Telegramm von Paris am 31. b. Abds. zugekommen. Die Blätter von Bordeaux durften erst zwei, drei Tage später die Depeschen vom 30. b. aus Le Mans veröffentlichen, welche den wahren Sachverhalt gaben. Inzwischen hatte Gambetta am 1. Jan. seine große Parade in Bordeaux abgehalten, vom Balcon aus das Volk angeredet, sich zujauchzen lassen, und urbi et orbi verkündet, daß Frankreich ihm allein sich anvertrauen wolle. Zu diesem Schauspiel bedurfte er des Hocuspocus des magischen und antiken Paris mit den 8000 erschlagenen Preußen im Hintergrunde. Waren dagegen die beiden Napoleon nicht Stümper?

VI.

Frankreich war seit Jahrhunderten der vornehme Mann unter seinen Mitvölkern. Alle Abzeichen und Geschmacksrichtungen der Vornehmheit waren, wie die Sprache der großen Welt, französisch, namentlich auf dem Continent. Frankreich repräsentirte eben älteren Reichthum und ältere Cultur, d. h. es war Aristokrat. Es war zuletzt auch der Aristokrat unter den Revolutionären und Liberalen, zu dem die neuen Geschlechter derselben Richtung emporschauten. Die Franzosen selbst unterließen nichts, was dazu beitragen konnte, ihnen diese Ausnahmsstellung zu erhalten. Aristokratische Prätensionen verfehlen um so weniger ihre Wirkung, als sie dem davon erfüllten Subjekt eine Selbstachtung einflößen, die auf seine eigene Führung vortheilhaft zurückwirkt. Wenn wir uns fragen, warum bei den meisten dritten Völkern eine innere Hinneigung zu den Franzosen sich kund giebt, so ist die Erklärung dafür vielfach in jener Bewandtniß zu suchen. Wir Deutschen fangen eben erst an, Emporkömmlinge zu werden, waren seit zwei bis drei Jahrhunderten die armen Schlucker und selbst dem neuen deutschen Kaiser wird es noch nicht vergessen, daß er eigentlich der „Marquis de Brandebourg" ist. Auch in den internationalen Beziehungen von Volk zu Volk giebt es etwas wie den gesellschaftlichen Snobism, und es ist nicht mehr als natürlich, daß dieser Charakterzug den kleineren Staatsgebilden eher zukommt als den großen. Die politischen Snobs unter den Menschen wie unter den Völkern haben sich in diesem Kriege etwas Besonderes darauf zu Gute gethan, ihre schönen Gefühle für Frankreich an die Oeffentlichkeit zu bringen. Es schmeichelte ihnen, mit diesem, wenn auch heruntergekommenen, vornehmen Herrn Arm in Arm über die Straße zu gehen, besonders da ihn die Umstände veranlaßten, jetzt so äußerst herablassend gegen sie zu sein. Wer in irgend ein Blatt eine Huldigung einrückte, konnte gewiß sein, mit einer gnädigen Anerkennung belohnt zu werden. Mancher dachte bei sich, er werfe die Wurst nach der Speckseite und werde in wieder besseren Tagen dafür auch bei der hohen Herrschaft um so besser angeschrieben sein. Dieselbe Rolle wie die Franzosen unter ihren Mitvölkern spielt Paris in Frankreich. Es war der Aristokrat, bewußt seiner höhern Abstammung, seiner Ueberlegenheit und von den anderen darob entsprechend verehrt. Paris ertrug die Verlegenheiten und Prüfungen, denen es ausgesetzt war, mit der Eleganz, der Fassung und der vornehmen Verachtung eines vornehmen Herrn, der sich ins Unvermeidliche zu schicken weiß und um keinen Preis der Canaille das Schauspiel gönnen will, sich an seiner Herabwürdigung zu ergötzen. Es liegt alles Gute und alles Falsche, alles Nützliche und alles Eitle in dieser Haltung, was dem aristokratischen Wesen zukommt. Verdorben wird nur viel daran durch die unersättliche Begierde nach Bewunderung, welche in jedem Wort, in jeder Geberde sich Luft macht. Seit drei Monaten schreibt kein Pariser einen Brief oder einen Artikel, worin nicht wenigstens dreimal vorkommt, wie admirable er und seines Gleichen seien. Alle Proclamationen der Behörden schließen mit der bereits stehend gewordenen Formel: daß jedenfalls Paris, wenn es auch nichts anderes erreicht, der Welt die höchste Bewunderung bis zuletzt abnöthigen werde.*) Paris

---

*) Und getreu diesem System verkündet jetzt nach allen schmählichen Demüthigungen der communalistischen Epoche Thiers von Neuem der Welt die Glorie der Stadt und der Armee, „zu welcher die Welt bewundernd emporschaut!"

hat die Entbehrung des Ochsenfleisches, des Leuchtgases, der Butter und anderer civilisirten Bedürfnisse ertragen ohne zu jammern, und sich dafür mit dem Bewußtsein getröstet, daß die Welt anbetend vor ihm im Staube liege. Der Entbehrung des Mehls und des Brennstoffes konnte es natürlich nicht Stand halten. In Wahrheit haben die Bewohner des übrigen Frankreichs für ihren verzweifelten Widerstand viel mehr Anspruch auf Anerkennung als die eigentlichen Pariser der Boulevards, welche die Glorie für sich abrahmen. Aber so will es die aristokratische Stellung der Hauptstadt. Paris muß die Lorbeeren ernten. Für Paris lassen sich die Provinzen abschlachten. Gambetta war das für die Provinz fleischgewordene Paris. Ohne die Losung von Paris hätte in der Provinz längst die Vernunft zur Nachgiebigkeit gerathen. Paris dictirte die famose Formel: „Nicht einen Stein, nicht eine Scholle!" Dies ist der Wahlspruch des alten Frankreichs, des Aristokraten unter den Völkern, der lieber sich verblutet, als daß er den Anspruch auf seine Vorrechte, Unverletzlichkeit, Unbesiegbarkeit aufgebe. Leopold de Gaillard, der bekannte Redacteur der legitimistischen Revue „Le Correspondant", schreibt in einem offenen Briefe vom 9. Januar d. d. wörtlich: „Andere Nationen können sich bald in ihre Niederlagen finden und ihr Prestige überleben; Frankreich kann dies nicht. Man weiß zu gut und es selbst weiß es auch zu gut, das Geheimniß seiner Kraft liegt in der Vorstellung seiner Ueberlegenheit, die es sich und andern beigebracht hat." Der wahre Franzose ist noch nie besiegt worden. Fünfzig Jahre lang galt es ihm für ausgemacht, daß er die Schlacht von Waterloo ohne Grouchy's Verrath gewonnen hätte. Wenn nichts mehr sein Selbstbewußtsein rettet, schiebt er es auf den Verrath. Zuletzt verrathen ihn die Götter selbst. „Die Wissenschaft," sagte Gambetta in der Rede zu Bordeaux, „mittelst deren die Deutschen uns be-

siegen, sie haben sie uns gestohlen, ils nous l'ont derobée." Selbst
in der Mathematik sind sie verrathen worden. Die Franzosen sind
tapfer und patriotisch, andere Völker waren es vor ihnen und
werden es nach ihnen sein, aber im Punkte der Eitelkeit und Selbst=
vergötterung sind und bleiben sie unerreicht. Ihrer verletzten Eitel=
keit sind alle Ausschreitungen und Thorheiten, deren sie sich in
diesem Kriege schuldig gemacht, zuzuschreiben, und ihr entsetzliches
Schicksal würde noch viel mehr Mitleid einflößen müssen, wenn
diese unausrottbare Selbstvergötterung nicht alles Elend und alle
Niederlagen überlebt und mitten unter den traurigsten Bildern so
viele burleske geliefert hätte. Das alte Frankreich lebt und stirbt
mit der Formel der unverletzlichen Grenze, des heiligen Paris.
Die Gambetta=Republik, indem sie diese Formel zuerst an ihre
Fahne genagelt und festgehalten, offenbarte sich als der Kampf
des Alten gegen das Neue. Ein neugeborenes Frankreich würde
von der Erkenntniß ausgehen, daß die Nation ihre Kraft weder in
der Unentreißbarkeit des Elsasses noch in der Suprematie von Paris
hat, nicht, mit einem Wort, in ihrer alten aristokratischen Ueber=
legenheit über Europa, sondern in eigener Tüchtigkeit und innerer
Vollendung. Deutschland ist der dritte Stand, um dessen Gleich=
berechtigung jetzt gegen Frankreich gekämpft wird. In Paris sitzt
die Romantik katholischen Geblüts,*) in Versailles d. h. im deut=
schen Hauptquartier der Radicalismus eines neuen Emporkömmlings.
Paris ist die Bastille, die gestürmt wird, Favre und Gambetta ver=
treten die Legitimität, Wilhelm und Bismarck die Revolution. Das
klingt paradox, aber es ist doch so.

---

*) Wie richtig diese Diagnose im Punkte des katholischen Elementes war,
hat seitdem sich bereits zur Genüge enthüllt und wird noch mehr zu Tage
kommen.

Druck von Alexander Wadow in Leipzig.